DÉPARTEMENT DES BOUCHES-DU-RHÔNE

ASSOCIATION DES VUIDANGES D'ARLES.

RAPPORT D'EXPERTISE

POUR

LA RÉPARTITION DES CHARGES

DE L'ASSOCIATION

MARSEILLE

SENÈS, IMPRIMEUR DE LA PRÉFECTURE, RUE CANEBIÈRE, 15.

1855

ASSOCIATION DES VUIDANGES D'ARLES

RAPPORT D'EXPERTISE

POUR

LA RÉPARTITION DES CHARGES

DE L'ASSOCIATION.

L'an mil huit cent cinquante-cinq et le 25 du mois de mars ;

NOUS,

HILARION PASCAL, Ingénieur du Service maritime à Marseille, chevalier de la Légion-d'Honneur, domicilié à Marseille, département des Bouches-du-Rhône,

CHARLES DOMBRE, Ingénieur du Service hydraulique du département du Gard, domicilié à Nîmes, département du Gard,

Et ANTOINE-MARIUS SAUZE, Chef de division à la Préfecture des

Bouches-du-Rhône, Chevalier de la Légion-d'Honneur, domicilié à Marseille, département des Bouches-du-Rhône ;

Experts nommés par arrêté de M. le Préfet des Bouches-du-Rhône, du 22 novembre 1853, sur la présentation du Syndicat central de l'Association des Vuidanges d'Arles, selon sa délibération du treize novembre 1853 et conformément aux dispositions de l'article 64 du Réglement de ladite Association, en date du 31 juillet 1851 ;

Pour procéder à la répartition des charges au moyen d'une nouvelle expertise générale ayant pour but d'assigner à chaque parcelle une quote-part proportionnelle au bénéfice qu'elle a retiré et qu'elle continuera à retirer du dessèchement, objet et fin dernière de l'OEuvre :

Ce qui doit s'effectuer, aux termes de l'art. 2 du Réglement précité, en prenant pour base de l'avantage obtenu jusqu'en 1827, époque du traité avec l'Etat, les contrats de 1642 et 1678, ainsi que le cadastre de 1683, et pour base des améliorations postérieures, les résultats produits pour chacun par les ouvrages ajoutés à l'œuvre ancienne de Wan-Ens, ou par les agrandissements et perfectionnements des diverses parties de cette œuvre ;

Après avoir prêté serment, le 24 novembre 1853, devant le Conseil de Préfecture des Bouches-du-Rhône de faire bon et loyal rapport ;

Comme aussi, après avoir pris les indications du Syndicat central de l'Association dans sa séance du 4 décembre 1853 ;

Après avoir parcouru, à diverses reprises et dans tous les sens, le territoire compris dans le périmètre de l'Association, accompagnés des indicateurs qui nous avaient été désignés par le dit Syndicat, d'une part, et par les successeurs et ayant-droit de Wan-Ens, d'autre part ;

Après avoir relevé les cotes de nivellement du dit territoire dans toutes ses parties ;

Après avoir reçu les observations, explications et renseignements des Syndicats respectifs de chacune des neuf Associations particulières comprises dans la grande association, les dits Syndicats ayant été, sur notre demande, convoqués à cet effet par le Directeur du Syndicat central, et s'étant réunis, aux lieux et heures indiqués, dans les deux journées des 19 et 20 mars 1854 ;

Après avoir examiné attentivement les documents qui nous avaient été fournis par le Syndicat central, tant sur l'état présent que sur le passé de la dite Association;

Et notamment, après avoir fait une étude particulière des contrats de 1642 et 1678 et du cadastre de 1683 ;

Avons dit et rapporté, disons et rapportons ce qui suit :

1° Historique de l'Association.

Le territoire compris entre le plateau de la Crau et le Rhône forme un bassin dans lequel les eaux ne s'écoulent qu'avec difficulté. Le pays est plat et ne présente qu'une pente insensible. C'est à peine s'il existe une différence de niveau de quatre à cinq mètres entre la partie supérieure du bassin et les étangs inférieurs qui le mettent en communication avec la mer. Dans une telle situation, les eaux seules du Zénith seraient un embarras, et il faudrait la main de l'homme pour en procurer l'écoulement. Le voisinage du Rhône vient constituer un nouveau danger. Les crues périodiques d'automne et de printemps, inoffensives souvent pendant plusieurs années de suite, grossissent, de temps à autre, outre mesure, le grand fleuve qui traverse la contrée. Rien ne l'arrête alors dans ses débordements; le territoire entier est inondé, et, toujours par suite du manque de pente, les eaux continuent à y séjourner longtemps après que le fleuve est rentré dans son lit.

A ces inconvénients qui lui sont propres, la vallée d'Arles joint ceux qui résultent de sa position vis-à-vis des lieux supérieurs. Entre l'extrémité de la chaîne des Alpines, le Rhône et la Durance, se trouve une autre vallée à laquelle l'ancienne viguerie de Tarascon a donné son nom. Les eaux rapides qu'y versent de toutes parts les lieux élevés qui la circonscrivent, ne peuvent toujours trouver une issue vers le Rhône, soit à raison de la hauteur à laquelle le fleuve se maintient pendant une partie de l'année, soit parce que les terres qui touchent à ses rives se sont naturellement élevées par suite de ses dépôts. Rejetées de ce point, les eaux de la Viguerie prennent une autre direction et se tournent vers le bassin d'Arles, qui n'est plus alors qu'un vaste étang où disparaît toute trace de culture et d'habitation.

On ignore de quelle manière il fut pourvu, dans les temps anciens, aux nécessités d'une telle situation. Les Grecs et les Romains ont successivement occupé la contrée. Une ville florissante y apparaît du temps de César. A défaut des témoignages de l'histoire, si concluants néanmoins et si nombreux, ses monuments encore debout suffiraient pour attester quelle fut son importance politique et religieuse. Il répugne d'admettre qu'une ville de cet ordre n'ait eu pour territoire qu'un marais infect. Ingénieux comme ils l'étaient pour amener des eaux potables dans les lieux habités, les Romains devaient connaître l'art de se débarrasser des eaux superflues, et, ce qui le prouve, c'est le parfait état de culture dans lequel ils avaient su maintenir, au centre de l'Italie, des lieux qui, plus tard, sont retombés à l'état de marais. Ils durent donc aviser autour d'Arles, cette capitale de l'empire dans les Gaules, comme ils l'avaient primitivement fait autour de Rome ; mais, sur les moyens qu'ils employèrent, l'histoire et la tradition sont également muettes, et bien qu'on retrouve encore de magnifiques débris de leurs acqueducs, il ne reste pas la moindre trace des ouvrages qu'ils entreprirent, il ne faut pas en douter, dans le but d'assainir, par l'évacuation des eaux, ce pays de prédilection.

Il faut arriver au 12e siècle pour trouver un témoignage certain sur l'état dans lequel est tombé le territoire d'Arles à la suite de l'invasion des Barbares et pendant les temps de confusion qui précédèrent l'organisation féodale. A cette époque, la campagne d'Arles est à l'état de marais ; des moines, qu'on retrouve partout où il y a un danger à braver, un labeur à entreprendre, ont établi leur pieuse demeure sur les rares accidents du terrain que présente le bassin, et de là ils reprennent l'œuvre si périlleuse du dessèchement et de la culture. Les propriétaires de la contrée imitent leur exemple et empruntent même, à ce qu'il paraît, une force nouvelle au principe d'association. On n'est point fixé sur l'étendue des conquêtes de ce premier âge du dessèchement, mais il est hors de doute que le territoire dût y gagner sous le double rapport de la production et de la salubrité.

Trois siècles après, et en 1458, la ville d'Arles obtient du roi Réné, comte de Provence, l'autorisation d'imposer les propriétaires pour l'évacuation des marais du Trébon, du Plan du Bourg et des Coustières de Crau. La contribution, exigible de la même manière que les contributions publiques, sera réglée selon l'intérêt de chacun, et exigée de tous sans distinction de personnes, même *ecclésiastiques*; elle sera fixée, au prorata de la dépense, par des personnes désignées soit par le Conseil de ville, soit par les intéressés eux-mêmes. On le voit, cet édit, remarquable pour le temps, renferme tous les principes de la matière, et, au fond, on ne trouve rien de plus ni de mieux dans la loi du 14 floréal an XI (1).

D'utiles travaux furent exécutés au moyen de ces contributions, et il résulte des détails consignés dans un acte dont nous allons parler que diverses *vuidanges* ou canaux furent creusés pour l'écoulement des eaux. Mais ces premiers efforts, mal dirigés, étaient impuissants, et d'ailleurs, les cotisations n'étaient pas payées sans difficultés ; *aucuns prétendaient n'y être sujets, et, par ce moyen, souvente fois en provenaient plusieurs dissensions, haines et malveillances entre les gentilshommes, bourgeois et autres citoyens.* Le Conseil de ville en référa au Parlement qui, après avoir envoyé des commissaires sur les lieux,

---

(1) Cùm pro conservatione salutis et aliàs pro utilitate communi et singularum personarum dictœ civitatis, ordinatum fuerit, in consilio ejusdem, paludes evacuari, cujus rei causâ territoria *Tribuntii et de Plano-Burgi*, et particulares habentes prœdia et jura in eisdem, et etiam *in costiis de Cravo* et alibi, utilitatem repertabunt, dignetur mandare compelli, etiam *more fiscalium debitorum*, omnes et singulos qui ad causam evacuationis dictorum paludum commoditatum habebunt, ad solvendam ratam expensam proptereà fiendam prorata quem libet rationabiliter concernentem, *pro modo commodi unius cujuslibet*, juxtà taxam fiendam *per eligendos à consilio, vel ab illis quorum interest.* Et ulteriùs dignetur dare facultatem ipsœ universalitati recipiendi, de possessionibus particularium, id quod necessarium videbitur ad opus evacuationis prœdictœ, *etiam de possessionibus Ecclesiasticarum personarum*, solvendo tamen interesse pro valore debito juxtà taxationem et estimam superhoc debite fiendam.

Responsio : Et quia utilitas publica prœferenda sit privatœ, ideo fiat ut petitur.

Voir l'édit entier dans le Recueil publié par l'Association des Vuidanges en 1827 (pièce nº 1, page 1).

enjoignit aux Consuls d'aviser à la situation en assemblée générale des intéressés.

Cette assemblée, dont le travail avait été préparé la veille dans une réunion du Conseil de ville, eut lieu le dimanche, 31 décembre 1542, dans le réfectoire de N.-D.-des-Carmes, après due convocation de *tous les particuliers et personnes ayant et possédant mas, affars, terres, prés, possessions et propriétés aux terroirs de Trébon, Plan du Bourg, Coustières de Crau et autres Coustières d'iceux terroirs.*

Le projet de délibération, dressé la veille par le Conseil de ville, fut lu à deux reprises et *à haute voix et intelligible* par le notaire qui tenait la plume de l'assemblée; il fut adopté par *tous ensemble et d'un même vouloir, accord et consentement, de leur bon gré et franche volonté, pour eux et leurs successeurs.* On se promit réciproquement *de le tenir et parfaire et de n'y contrevenir aucunement;* et on s'y engagea par la foi et sur *serment prêté aux Saintes Evangiles du Seigneur.*

Cette délibération, sur la solennité de laquelle nous avons dû insister à raison de son importance, est le premier acte constitutif de l'Association des Vuidanges d'Arles. Tous les particuliers, toutes les communautés intéressées au dessèchement se réunissent pour travailler en commun à l'évacuation des eaux. Ainsi que nous l'avons dit plus haut, des vuidanges avaient été précédemment creusées; il est résolu qu'on en fera une nouvelle pour conduire les eaux depuis Meyrane, où, à ce qu'il paraît, elles s'arrêtaient, jusques au lieu dit Lagnères (1). Les travaux déjà existants seront améliorés. La dépense sera supportée, moitié par la ville d'Arles, moitié par les particuliers intéressés. L'Association sera dirigée par des délégués pris dans le Conseil muni-

---

(1) Ce lieu ne serait-il pas au débouché des étangs inférieurs qui sont en communication avec la mer? En ce cas, la délibération de 1542 aurait inauguré le véritable système de dessèchement, exécuté un siècle plus tard par Wan-Ens, car il paraît par l'acte lui-même que les anciennes vuidanges se dégorgeaient dans le Rhône, soit directement, soit par Meyrane.

Voir la délibération dans le Recueil de 1827, pages 3 et suiv.

cipal et renforcés de l'official de l'Archevêché , d'un chanoine de l'église d'Arles et d'un bourgeois pris en dehors du Conseil.

Ainsi constituée, l'Association marche vers le but d'un pas plus assuré. Par les ordres de ses Intendants, c'est le titre que prennent bientôt les délégués, des *géomètriens et niveleurs, en ce experts et entendus*, après avoir prêté serment de faire bon et loyal rapport, visitent tout le pays jusques à l'étang de Meyrane et dudit Meyrane jusques à Lagnères, et signalent ce qui est à faire *pour vider les eaux*. Des travaux s'exécutent conformément à ces indications, et, pour en couvrir la dépense , un premier cadastre est dressé, non point, à ce qu'il paraît , par les experts , mais par les Intendants eux-mêmes. On verra plus bas comment ce premier essai, plus tard perfectionné, fut définitivement abandonné pour faire place au cadastre de 1683.

Un soin non moins important dut préoccuper l'Association des Vuidanges dès les premiers temps de son existence: c'était le règlement des différends existant avec les villes et communautés de la viguerie de Tarascon, relativement aux eaux de ce bassin. Il faut voir, dans l'acte même qui termina ce grave débat , à quelle longue procédure il avait donné lieu. Soit fatigue de cet interminable procès , soit par tout autre motif, les parties se résignèrent enfin à transiger et passèrent , à cet effet, un acte qui porte la date du 9 octobre 1619.

Par cette transaction, la communauté d'Arles et le Corps des Vuidanges s'obligent , vis-à-vis des communautés de Tarascon et de St-Remy, à recevoir les eaux de Tarascon et lieux supérieurs et à les conduire jusqu'à la mer au moyen d'un canal nouveau dont les dimensions sont déterminées. Ce canal sera construit aux frais des communautés supérieures jusqu'à la limite qui sépare les territoires de Tarascon et d'Arles ; en aval de ce point, c'est la ville d'Arles qui en supportera les frais moyennant une indemnité de 28,000 livres payées par les communautés de la Viguerie.

Nous n'avons pas à apprécier l'équité de ces conditions, ni à examiner la question non moins grave de savoir si l'autorité d'un acte particulier, statuant sur des choses d'intérêt public , ne fléchirait point

devant un règlement d'administration publique qui interviendrait sur
la même matière. Qu'il nous soit permis toutefois d'exprimer le regret
que, par la nature même du contrat, la transaction de 1619 ait échappé
constamment à la haute surveillance et, au besoin, à l'interprétation
de l'autorité administrative, de telle sorte que, toutes les fois qu'une
contestation est intervenue sur son exécution, le litige a été déféré
aux tribunaux ordinaires, à l'exclusion de l'Administration, seule
compétente cependant sur le fond de la question.

Quoiqu'il en soit du mérite de la transaction de 1619, elle avait au
moins l'avantage de poser nettement l'une des questions les plus ardues
du dessèchement. Vainement des efforts seraient tentés dans l'intérieur
du bassin d'Arles pour le débarrasser de ses propres eaux, si on le
laissait exposé à l'irruption des eaux du bassin supérieur; il fallait
prendre un parti à cet égard, et l'expérience ayant prouvé que les
moyens judiciaires ne pouvaient conjurer un tel danger, il fallait se
résigner à des sacrifices plus étendus que ceux qu'on avait faits jusque
là, et, au moyen d'un canal spécial, conduire sans nocuité à travers
le territoire d'Arles, en les poussant définitivement vers la mer, toutes
les eaux de la Viguerie.

Ce nouvel instrument de dessèchement, combiné avec les canaux
déjà existants, notamment avec la grande vuidange arrêtée en principe
dans l'acte de 1542, devait compléter le système, si d'ailleurs toutes les
parties en étaient bien coordonnées, si les divers ouvrages dont il se
composait étaient à la fois bien conçus et bien exécutés.

C'était malheureusement le côté faible de l'Association. Reconnais-
sant sa propre insuffisance dans une matière toute spéciale, elle avait
eu recours à des hommes de l'art, qui, faute d'expérience ou de lumiè-
res, n'avaient point répondu à son attente (1).

_____

(1) Le préambule de l'acte de dessèchement de 1642 rappelle divers traités passés an-
térieurement sans avoir été suivis de résultat; savoir :
En 1540, avec le seigneur comte de Paucarlier ;
En 1584, avec Jacques Audier et ses consorts ;

Des sommes considérables avaient été dépensées en travaux, l'Association pliait déjà sous le poids d'une dette énorme, et cependant les eaux ne se retiraient point, et le territoire restait insalubre et improductif.

C'est dans ces circonstances qu'un ingénieur d'origine hollandaise, mais qui s'était fait, en France, une grande position par les travaux qu'il y avait exécutés (1), vint, envoyé par le roi Louis XIII, offrir ses services à la ville d'Arles et à l'Association des Vuidanges pour mener à bonne fin l'œuvre du dessèchement. L'offre fut acceptée et convertie en un traité qui porte la date du 16 juillet 1642 (1).

Cet acte est trop connu pour que nous nous arrêtions à le décrire. Nous nous bornerons à rappeler les deux conditions principales, savoir :

1o Obligation pour Wan-Ens de faire tous les ouvrages nécessaires pour conduire jusqu'à la mer ou soit aux étangs qui sont en communication avec la mer, les eaux du territoire d'Arles et celles qui lui viennent de la Viguerie ;

2o Cession par les propriétaires, pour prix dudit dessèchement, des deux tiers des terres desséchées ; et pour ceux dont les terres, placées sur la Coustière, ne sont pas constamment couvertes par les eaux, obligation de payer à perpétuité une rente de cinq sous par retirée, si mieux ils n'aiment se libérer par le remboursement du capital.

L'œuvre s'exécuta dans les délais déterminés, et elle était en état

Quelque temps après, avec le sieur de Caumans ;
En 1600, avec un ingénieur hollandais adressé à la Ville par M. Du Vair, alors premier président au Parlement de Provence ;
Et finalement, en l'année 1606, avec le sieur Bradely, natif du Brabant.

(1) Wan-Ens est ainsi qualifié dans l'acte : « Noble homme Jean de Wan-Ens, bourgeois de Paris, natif en la ville d'Amsterdam, en Hollande, seigneur de Fontaine-Pereuse, Conseiller du roi, Intendant et Contrôleur de son argenterie et autres affaires de la chambre de Sa Majesté. »
Voir l'acte au Recueil de 1827, pages 39 et suiv.

d'être reçue dès l'année 1647. C'est, d'une part, le Vigueirat, canal à grande dimension, qui, élevé sur le sol et soutenu par de fortes digues, conduit les eaux de Tarascon à travers le territoire d'Arles; d'autre part, la Vuidange proprement dite, destinée, avec les canaux secondaires qui viennent y déboucher, à recevoir les eaux du territoire d'Arles, soit directement, soit par des *nocs* ou syphons passant sous le Vigueirat. Les deux grands émissaires, coulant l'un à côté de l'autre dans la partie inférieure de leur cours, se rendent dans l'étang du Landre et, de là, dans l'étang du Galejon, au moyen de la communication établie par les canaux dits des *Gazes*.

Des roubines ou fuites vers le Rhône complètent le système ou, pour mieux dire, en trahissent l'imperfection. Les fonds manquèrent à Wan-Ens vers la fin de son entreprise, et il ne put donner à l'œuvre, malgré les 1,400,000 livres qu'il y avait dépensées, le degré de perfectionnement résultant de son premier projet.

Hâtons-nous de reconnaître toutefois que, telle qu'elle sortit de ses mains, cette œuvre fut un immense bienfait pour le pays, qu'elle en diminua notablement l'insalubrité et qu'elle en accrut la richesse hors de toute proportion.

Un point essentiel n'avait pas été nettement défini dans l'acte de 1642, c'était l'entretien des ouvrages de dessèchement; aussi donna-t-il lieu, entre les parties, à de longs débats, auxquels se joignirent d'autres difficultés pour la réception des ouvrages et le désemparement des deux tiers des terres desséchées. Une transaction vint enfin terminer ces regrettables conflits et placer sur de nouvelles bases le Corps des Vuidanges, désormais agrandi par l'adjonction des dessicateurs.

Aux termes de cet acte, passé le 4 janvier 1678, sous la médiation de l'Archevêque d'Arles, le Corps des Vuidanges et les ayant-droit et successeurs de Wan-Ens, alors décédé, s'obligent à remettre en bon état et à frais communs les ouvrages de dessèchement fort négligés par suite des contestations antérieures. Ce premier résultat étant une fois acquis, le Corps des Vuidanges demeurera seul chargé du soin de l'entretien des ouvrages, mais les dessicateurs seront représentés dans son Conseil par un des Intendants nécessairement pris parmi eux. La dépense d'entretien sera répartie dans la proportion de deux tiers pour le Corps et d'un tiers pour les *Associés du dessèchement*, soit les successeurs et ayant-droit de Wan-Ens. La même proportion sera adoptée pour la réfection des ouvrages, en cas de ruine ou dépérissement en tout ou en partie.

Il ne manquait plus à l'Association, pour s'asseoir définitivement, que d'avoir un bon système de répartition de la dépense entre les propriétaires intéressés et non compris les nouveaux associés, lesquels se réglaient entr'eux pour le tiers qu'ils avaient à fournir. Un cadastre était bien en vigueur, mais il contenait de graves erreurs et donnait lieu à bien des réclamations. Et d'ailleurs, comment un travail de cette nature, fait et retouché avant les opérations de Wan-Ens, pouvait-il déterminer maintenant, avec exactitude, et l'étendue des terres qui profitaient du dessèchement, et le degré d'intérêt que chacun avait à son entretien? Evidemment une nouvelle étude était nécessaire ; elle fut arrêtée par une délibération motivée du 10 août 1679. Les experts chargés de cette importante opération furent nommés le 1er février 1680 et présentèrent leur travail le 2 août 1683. A partir de l'année suivante, le nouveau cadastre fut mis en vigueur et il a continué jusqu'à ce jour, nonobstant les altérations qu'on a tenté d'y faire, à régler les contributions de l'Association des Vuidanges. Nous dirons ailleurs en quelle haute estime ce travail mérite d'être tenu. Il est l'œuvre de Jean Jaisse ou Faisse, Charles Véran et Jean Vaugier, les deux premiers, bourgeois de la ville d'Arles, et, le troisième, notaire.

Ainsi armée d'un bon système de dessèchement et d'un mode régulier pour la répartition de l'impôt, l'Association continue son œuvre, pour le grand bien du pays, et sans autres incidents que des contestations et des procès sur lesquels nous n'avons pas à nous arrêter (1).

_____

(1) Nous ne pouvons toutefois nous empêcher de mentionner un bien remarquable document auquel ces contestations donnèrent lieu, le Rapport de l'Ingénieur Bernardy, en date du 29 avril 1833, sur les contestations entre les villes d'Arles et de Tarascon.

Une rude épreuve lui était réservée à l'époque des troubles qui accompagnèrent la Révolution française. Elle perdit ses membres les plus influents et les plus éclairés par suite de la suppression des Corps religieux et de l'émigration d'une notable partie de la noblesse et de la bourgeoisie. Les biens du marais passèrent en grande partie en d'autres mains, et la division des terres fut loin de produire, dans le cas présent, les résultats heureux qu'elle obtenait ailleurs. On oublia que le marais ne pouvait rester productif qu'à la condition de maintenir en bon état les ouvrages qui en avaient procuré le dessèchement. Les canaux furent abandonnés, et, dans quelques années, le pays retomba dans la même situation d'où l'avaient relevé les grands travaux exécutés cent cinquante ans auparavant.

« Tous les habitans d'Arles, disait en 1818 un témoin oculaire de » la catastrophe, se *rappellent* ce qu'était, il y a quinze ans, le Corps » des Vuidanges. Après les malheurs d'une révolution inouïe, après » l'abandon imprudent de tous les ouvrages d'art, les bâteaux des » pêcheurs venaient jusque sous les murs de la ville ; des terrains » aujourd'hui en culture étaient couverts d'eau et de roseaux. On cher-» chait des yeux l'emplacement des canaux de Wan-Ens, on ne voyait » qu'un vaste marais. (1). »

Une seule chose restait de l'ancienne Association, c'était son cadastre ; mais, tombé en des mains infidèles, il n'était plus qu'un instrument de concussion. « Certains particuliers, qui n'avaient presque » point d'intérêt dans l'Association, se sont illégalement emparés de » l'administration en écartant, par la terreur, la majorité des associés » les plus intéressés ; ils ont totalement abandonné les ouvrages du » dessèchement ; il ont négligé ou suspendu les réparations même les » plus urgentes ; ils n'ont point payé les rentes et pensions que l'As-» sociation doit. Ils n'ont cependant pas manqué de forcer les particu-» liers à payer leurs cotes et impositions. Les fonds sont rentrés,

(1) Rapport des Syndics de l'Association à l'Assemblée générale du 18 novembre 1818.

» cependant aucune réparation n'a été faite et les pensions n'ont point
» été payées. A quoi donc a-t-on employé ces fonds? (1). »

Réunis en assemblée juridique, un grand nombre de particuliers
intéressés, d'abord en l'an III (17 fructidor), puis en l'an V (5 messi-
dor), et enfin en l'an X (12 floréal), essayèrent sans succès de relever
l'ancienne Association. Rien ne fut organisé, et tous les efforts des
Commissaires nommés dans ces assemblées aboutirent à implorer,
d'une part, les secours du Gouvernement pour le rétablissement de
l'œuvre de Wan-Ens, et, d'autre part, à solliciter de ses Ingénieurs les
indications nécessaires pour travailler sûrement à cette difficile
entreprise.

Un incident vint retirer de cet état de torpeur les propriétaires du
marais. En l'an XIII, une compagnie financière, sous le nom du Du-
croy, demande la concession du dessèchement des marais d'Arles selon
les termes et conditions de la loi du 5 janvier 1791, alors en vigueur.
Il faut qu'on sache que cette loi, procédant à rebours de celle du 16
septembre 1807, ne laissait à l'ancien propriétaire aucune part dans le
bénéfice du dessèchement. Une estimation était faite du marais avant
toute opération ; le prix en était payé par le concessionnaire, qui,
moyennant ce léger sacrifice, demeurait propriétaire unique et définitif
des terres comprises dans la concession, sans avoir à tenir compte ni
à faire part à personne de la plus-value que ses travaux leur avaient
donnée (2).

On voit tout de suite les ruineuses conséquences que l'application
d'un tel système aurait entraînées pour les propriétaires du marais

---

(1) Assemblée juridique du 17 fructidor au III. — Recueil de 1827, pages 332 et
suivantes.

(2) Un marais, celui de Marignane et Châteauneuf, a été concédé dans le département
des Bouches-du-Rhône, sous l'empire de cette loi. Moyennant une somme d'une trentaine
de mille francs, le concessionnaire, qui a d'ailleurs fort mal rempli ses engagements, est
resté propriétaire de tout le marais, desséché ou non, au grand regret des habitants des
deux communes.

d'Arles. En l'état où il se trouvait alors, la valeur de ce marais était pour ainsi dire nulle ; dans l'estime à faire, on n'aurait eu égard ni à l'ancien état de culture, dont il ne restait plus trace, ni même aux ouvrages anciennement exécutés, *dont on aurait en vain cherché l'emplacement* ; l'évaluation préalable aurait porté simplement sur le marais, tel qu'il se montrait alors, c'est-à-dire tel qu'il était avant toute tentative de dessèchement ; et, moyennant une somme insignifiante, les propriétaires étaient dépouillés à tout jamais de leurs héritages. C'était d'autant plus menaçant que le périmètre de la future concession ne se limitait pas aux lieux submergés, mais comprenait aussi, comme celui de Wan-Ens, les quartiers où la culture s'était maintenue et n'avait besoin que d'une simple amélioration.

La demande était sérieuse ; un Arrêté préfectoral du 14 nivôse an XIII l'avait mise à l'enquête (1). Cette fois les propriétaires s'émurent. Réunis en assemblée générale, sous la présidence du Maire d'Arles, le 9 floréal an XIII, ils prirent une délibération fortement motivée à l'effet de repousser la demande de la compagnie Decroy. En même temps, et pour assurer le succès de leur opposition, ils adoptèrent un ensemble de résolutions et de voies et moyens concernant la réorganisation de l'Association, le rétablissement et l'entretien des anciens ouvrages de dessèchement, *abandonnés depuis 15 ans*, est-il dit dans la délibération (2).

Cette démonstration obtint le résultat qu'on s'en était promis ; la demande de la compagnie Decroy fut mise à l'écart, et les anciennes Associations d'Arles et de N.-D.-de-la-Mer, pour la défense contre le Rhône et pour l'entretien du dessèchement, furent reconstituées par un décret particulier du 4 prairial an XIII.

Ainsi réorganisée, l'Association des Vuidanges put mettre de l'ordre dans ses affaires et aviser au paiement de son arriéré ; mais rien n'annonce qu'elle se soit sérieusement occupée de remettre en bon état le

(1) Recueil de 1827, p. 383.
(2) Voir le procès-verbal de la délibération au Recueil de 1827, pag. 386 et suiv.

3

territoire submergé. Quelques efforts isolés sont tentés, quelques améliorations partielles sont produites, notamment par le curage du Vigueirat, auquel l'Association se trouve contrainte par les habitants de Tarascon, qui réclament l'exécution de l'acte de 1619. Mais, en somme, le dessèchement n'est point relevé de l'état d'abandon dans lequel il est tombé. A la vérité, des études se font; au Rapport si remarquable, fourni en l'an XI, sur la demande des Commissaires dont il a été parlé plus haut, par M. l'Ingénieur en chef Bondon, alors chargé des travaux du canal d'Arles à Bouc, succèdent les études de M. Gorsse, qui avait été son ingénieur ordinaire. Un nivellement général est exécuté, on dresse des plans, on écrit des Mémoires, mais rien ne s'exécute, parce que le pays est pauvre et que la dépense à faire est excessive.

Dans ces circonstances, et les propriétaires semblant prendre leur parti de la situation, une nouvelle compagnie financière se présente, en 1817, sous le nom de M. le comte de La Farre. Dans sa demande, elle comprend à la fois le dessèchement du marais, l'achèvement du canal de navigation, dont les travaux avaient été suspendus presqu'aussitôt que commencés, et l'amélioration de la Camargue. La Compagnie retira ce dernier chef sur l'observation produite par les Ingénieurs que des études préparatoires n'avaient point encore été faites pour la Camargue. Mais les deux autres points de la soumission se liaient fortement; dès la première ouverture des travaux du canal d'Arles à Bouc, il avait été compris que cet ouvrage pouvait devenir un puissant moyen de dessèchement pour le territoire d'Arles; que non seulement il rétablirait l'œuvre de Van-Ens, mais même qu'il en corrigerait les imperfections en donnant des dimensions et une profondeur convenable au principal émissaire des eaux du marais (1).

L'Association s'alarma de cette proposition, comme elle l'avait fait de celle de la compagnie Decroy. Et cependant, le résultat final, en

(1) Voir, sur cette question, le Rapport déjà cité de M. l'Ingénieur en chef Bondon, page 256 du Recueil de 1827.

ce qui concerne les propriétaires, aurait été bien différent, grâce à la loi plus équitable qui, depuis le 16 septembre 1807, régissait les dessèchements. Il n'y avait plus d'expropriation, le sol restait aux possesseurs actuels, et, en fin d'entreprise, ils pouvaient le retenir en entier avec les améliorations que le dessèchement y aurait produites. A la vérité, ils devaient payer au concessionnaire une indemnité proportionnée à la plus-value que le dessèchement aurait donnée à leurs terres. Mais cette indemnité, qui, du reste, ne représentait qu'en partie le bénéfice du dessèchement, ils avaient la faculté de la payer en une rente constituée à raison de 4 pour cent, si mieux ils n'aimaient se libérer par l'abandon d'une portion équivalente de la propriété. Au demeurant, ils n'étaient tenus à aucune avance de fonds, ils ne couraient aucun risque, et si, par impossible, l'œuvre, exécutée sous la surveillance des Ingénieurs du Gouvernement, venait à échouer, les pertes étaient toutes pour le concessionnaire, et le marais était rendu, sans autre condition, à l'ancien propriétaire.

Une seule raison peut expliquer l'opposition très vive que l'Association fit à la proposition de la Compagnie La Farre, et cette raison n'est point celle qui est alléguée dans les délibérations du temps (1). Tôt ou tard, le canal de navigation serait continué ; et si le Gouvernement l'exécutait, il y avait grande chance pour les propriétaires d'échapper à l'obligation de la plus-value ou de n'y être soumis que sous une forme et dans une proportion infiniment atténuée, ainsi que la chose s'est en effet réalisée dix ans plus tard.

Comme en l'an XIII, l'Association s'efforça de repousser la Compagnie soumissionnaire en promettant d'exécuter elle-même les travaux nécessaires pour le rétablissement du dessèchement. Dans une délibé-

---

(1) On se préoccupait uniquement de l'inconvénient de voir des *étrangers* s'immiscer dans les affaires du pays, et surtout de l'obligation de faire l'abandon d'une nouvelle partie du marais, après la cession des deux tiers faite aux dessicateurs de 1642. On oubliait que l'œuvre de 1642 avait disparu et que, pour la reconstituer, il fallait une dépense qui, sous une forme ou sous une autre, devait retomber sur les propriétaires du marais.

ration du 16 octobre 1818, évaluant ces travaux, sur le rapport de M. l'Ingénieur en chef Garella, à 567,813 fr. 60 c., elle vota, pour les deux tiers afférents aux anciens propriétaires, une somme de 378,542 fr. 40 c. payable en cinq aunuités et à répartir entre les intéressés d'après les bases du cadastre de 1683.

C'était une question de savoir si une Association, déjà obérée et appauvrie, pourrait, outre ses dépenses ordinaires, s'imposer une cote annuelle de plus de 75,000 francs; une question encore, de savoir si la somme de 567,000 fr. suffirait à une entreprise que M. Gorsse, après de longues études et des travaux sérieux, avait évaluée à 1,100,000 fr. Quoiqu'il en soit, la soumission de la Compagnie La Farre ne fut point accueillie par le Gouvernement, et tout ce qui en resta ce fut un lumineux rapport de M. de Prony au Conseil Géneral des Ponts et Chaussées sur l'ensemble de la question. Dans ce travail, le savant Ingénieur établit la corrélation qui existe entre l'achèvement du canal de navigation et le dessèchement du marais. Mais il évalue cette dernière entreprise à des prix plus élevés que ceux qui avaient été admis jusque-là. A son avis, il ne faudra pas moins de 1,800,000 fr. pour cet objet, et le dessèchement ne sera d'ailleurs assuré qu'en dirigeant tous les écoulements vers le canal d'Arles à Bouc. En conséquence de cet avis, adopté par le Directeur général des Ponts et Chaussées, dans une décision du 17 janvier 1820, l'Association des Vuidanges fut invitée à ajourner les travaux qu'elle s'était offert à faire, offre qu'on serait tenté de ne pas prendre au sérieux vu l'énormité de la dépense et l'extrème difficulté des voies et moyens (1).

La loi de 1822 vint mettre un terme à la longue interruption que le canal de navigation avait subie dans son exécution. La question du dessèchement du marais par le moyen de ce canal, posée dès l'origine ainsi que nous l'avons dit plus haut par l'Ingénieur en chef Bondon,

---

(1) Voir, sur tous ces incidents, les délibérations de l'Association des 16 octobre et 18 novembre 1818, et 19 août 1820.— Voir, en outre, le rapport de M. de Prony au Recueil de 1827, page 489.

et maintenant fortifiée de l'opinion du Conseil Général des Ponts et Chaussées, se reproduisit naturellement et fut étudiée de près par deux Ingénieurs dont le nom restera dans la contrée, MM. Poulle et Bouvier. Dans un rapport adressé au Directeur général des Ponts et Chaussées, le 25 janvier 1826, ils établirent la possibilité de recevoir les eaux du marais d'Arles dans le canal en construction en en remontant le bief intermédiaire jusqu'à un point rapproché de la ville d'Arles et dit *de la Montcalde*. Le surcroît de dépense qui devait en résulter pour l'Etat était évalué par les deux Ingénieurs à la somme de 263,000 francs.

On sait quelle fut la suite de cette étude. Les données fournies par le rapport devinrent la base d'un traité entre l'Etat et l'Association des Vuidanges, traité délibéré en assemblée générale de l'Association tenue à Arles les 4 et 5 mars 1827 et homologuée par une Ordonnance du 29 mai suivant.

Aux termes de cet acte, le plafond du canal de navigation sera creusé et entretenu, aux frais de l'Etat, à une profondeur au-dessous du niveau de la mer de deux mètres depuis le port de Bouc jusqu'à l'écluse de l'Etourneau, et d'un mètre depuis cette écluse jusqu'au pont de Montcalde, de manière que, hors le cas de l'écoulement des marais et de refoulement de la mer, la ligne de flottaison soit maintenue au niveau de la mer entre Bouc et l'Etourneau, à un mètre au-dessus de ce niveau entre l'Etourneau et la Montcalde.

Ainsi disposé, le canal recevra les eaux du marais : 1o à droite, à l'aide d'un contre-fossé et de coupures armées de vannes, ménagées dans le corps de la digue de 3,000 en 3,000 mètres de distance ; 2o à gauche, en amont de Meyranne, par deux aqueducs armés aussi de vannes et pratiqués sous le Vigueirat, l'un à Montcalde et l'autre soit au Coude du Clapier, soit sur le travers de Meyranne, au choix de l'Association ; — et, depuis Meyranne jusques à l'Etourneau, par un contre-fossé et des coupures armées de vannes ménagées dans la digue du canal, ainsi qu'il a été dit pour la rive droite.

Les travaux à faire pour l'introduction des eaux dans le canal seront exécutés aux frais de l'Etat, sauf les deux aqueducs de Montcalde et de Meyranne qui demeurent à la charge de l'Association.

Une somme de 263,000 francs sera payée à l'Etat, en cinq termes déterminés dans l'art. 2 du traité, par l'Association et les successeurs de Wan-Ens à titre de concours et à raison du surcroît de dépense résultant pour l'Etat de l'appropriation du canal de navigation à l'usage du dessèchement du marais.

Un troisième et dernier article porte que les dispositions qui précèdent sont exclusivement applicables aux marais actuellement compris dans le périmètre de l'Association des Vuidanges des eaux du Trébon, Plan du Bourg et Coustières de Crau.

On a remarqué déjà que l'indemnité à payer par l'Etat sera fournie à la fois par l'Association des Vuidanges et les successeurs de Wan-Ens. En effet, et aux termes des contrats primitifs, ceux-ci n'étaient pas moins tenus que les anciens propriétaires à contribuer à l'entretien du dessèchement et, au besoin, à sa *réfection*. Seulement, la proportion était différente ; c'étaient les deux tiers pour les anciens propriétaires, et le tiers pour les successeurs de Wan-Ens. Dans la délibération des 4 et 5 mars 1827, les représentants et ayant-droit de l'auteur du dessèchement de 1642 avaient renoncé à ce privilège et s'étaient obligés à concourir au paiement de l'indemnité réclamée par l'Etat, ainsi qu'à la dépense à faire pour les ouvrages destinés à conduire les eaux du marais dans le canal de navigation, dans la proportion d'intérêt qu'ils retireraient desdits ouvrages nouveaux, en conformité de l'article 2 de la loi du 14 floréal an XI. (Art. 4 de la délibération).

Tel est le traité de 1827. Son exécution eut pour résultat de mettre un terme à la situation inextricable dans laquelle l'Association était tombée par suite de l'abandon du dessèchement de 1642. Le traité eut encore pour effet d'améliorer notablement l'œuvre de Wan-Ens en substituant, à une vuidange imparfaite à bien des égards, un grand émissaire, en communication directe avec la mer et dont le plafond et le niveau de flottaison étaient disposés de manière à recevoir, en tout temps et en bien plus grande masse, les eaux du marais d'Arles, et plus tard celles du marais des Baux (1). Sans doute l'œuvre, telle qu'elle est décrite au traité, telle qu'elle a été exécutée, comporte de nouveaux perfectionnements, et le dessèchement atteindrait un nouveau degré d'amélioration si, comme la demande en est faite aujourd'hui, un abaissement de 50 centimètres était opéré sur le plafond du canal, entre la Montcalde et l'Etourneau. Mais il n'en est pas moins vrai que le bienfait de la combinaison arrêtée en 1827 fut réel, qu'il donna d'immenses résultats, soit pour le pays en général, soit pour les propriétaires du marais. Partout l'amélioration se fit rapidement sentir, et il n'en faut d'autre preuve que l'augmentation fabuleuse de la valeur des terres desséchées.

Sur l'équité des conditions du traité, en présence des contestations survenues depuis, soit entre l'Etat et les dessicateurs, soit plus récemment entre l'Association des Vuidanges et l'Etat, par convenance, nous nous abstiendrons de toute appréciation. Nous ne sommes plus ici fonctionnaires, mais experts, et en cette qualité, nous n'avons qu'un vœu à exprimer, c'est de voir renaître l'esprit de concorde qui dicta le traité, c'est de voir resserrer les liens qui doivent unir entr'elles toutes les parties de l'Association, sans distinction d'origine ni d'intérêt. Le maintien de l'œuvre et le succès des améliorations futures sont à ce prix.

Ensuite des résolutions arrêtées dans la délibération des 4 et 5 mars 1827, et afin de se mettre en mesure soit pour l'exécution des travaux

---

(1) Quelques années plus tard, l'Association fit, avec le Corps des propriétaires de la vallée des Baux, un traité par lequel ces propriétaires ont acquis la faculté de conduire leurs eaux dans le canal de Bouc, en se servant, pour cela, des roubines de la Fauque et de la Malespère et du canal de la vuidange entre la Malespère et le syphon de Montcalde. La Compagnie des Baux s'engageait à approfondir ces canaux, à les entretenir à ses frais, à construire deux ouvertures de plus au syphon de Montcalde, à payer à l'Association d'Arles 80,000 fr., et, enfin, à ne jamais prétendre et exiger aucune plus-value des terres sises dans l'enclave de cette dernière pour les avantages qu'elles retireraient de l'élargissement et du creusement des canaux dont il vient d'être parlé. Le traité fut signé le 17 juin 1839 et homologué par l'Ordonnance du 25 septembre 1842 portant concession du dessèchement des marais de la vallée des Baux.

qui restaient à sa charge, soit pour le paiement de l'indemnité due à l'Etat, l'Association, dans une délibération du 19 juin 1831, chargea trois experts, MM. Vérot, Durand de St-Gilles et Nalis, de la répartition entre tous les intéressés et au prorata de l'utilité de chacun, de la somme à imposer tant pour l'un que pour l'autre de ces deux objets. Le cadastre de 1683, toujours en vigueur pour les dépenses ordinaires, ne pouvait servir de base dans le cas présent, soit parce qu'il n'était pas démontré qu'il y eût identité entre l'intérêt aux travaux du dessèchement de 1642 et l'intérêt aux améliorations stipulées dans le traité de 1827, soit encore et surtout parce que, dans le cadastre de 1683, les dessicateurs n'étaient point compris et qu'ils entraient dans la répartition de la dépense en bloc et pour un tiers, tandis que, dans la répartition à faire, ils devaient concourir de la même manière que les anciens propriétaires et selon le droit commun, c'est-à-dire dans la proportion de l'avantage obtenu. Il fallait donc un nouveau cadastre, mais un cadastre tout spécial, qui ne pouvait valoir que pour l'objet déterminé et qui, cet objet rempli, devait faire place, pour la continuation des dépenses ordinaires de l'Association, à l'ancien cadastre de 1683 ou à un nouveau cadastre destiné à rectifier celui-ci et à le mettre en harmonie avec la situation nouvelle de l'Association.

Le cadastre spécial fut terminé le 16 avril 1833 et mis en vigueur dès l'année 1834 dont il a retenu le nom. Il fixe à 3,700,055 fr. 78 c. la plus-value obtenue par les terres du marais à raison de l'affectation du canal de navigation à l'œuvre du dessèchement, et à 400,000 fr. la dépense faite ou à faire pour mettre le marais en rapport avec le canal, y compris l'indemnité de 263,000 fr. stipulée en faveur de l'Etat. La somme de 400,000 fr. est répartie entre tous les propriétaires sans distinction et sans privilège, au prorata de l'amélioration obtenue par chacun d'eux.

Les faits importants qui venaient de s'accomplir avaient régénéré l'Association en même temps qu'ils avaient changé l'aspect du vaste territoire compris dans son périmètre. L'œuvre de Wan-Ens était enfin rétablie, mais agrandie, mais perfectionnée, mais désormais placée à l'abri, sous la protection de l'Etat, des chances d'abandon et de destruction qui avaient été sur le point de l'engloutir.

Une chose lui manquait pourtant : c'était d'avoir un règlement et un mode de répartition de dépenses qui fussent en pleine harmonie avec sa situation présente. Le vœu en avait été formé à diverses reprises ; et bien qu'on ne fût pas d'accord, dans le sein même de l'Association, sur les bases à adopter, on se réunissait cependant sur ce point que, pour écarter les abus et assurer la marche régulière du Corps, il fallait un nouveau règlement, un cadastre nouveau.

L'Administration intervint, comme c'était son droit et son devoir, et ouvrit une enquête sur un projet de règlement préparé par ses soins. L'instruction fut longue et laborieuse ; commencée en 1843, elle ne fut définitivement close qu'en 1850, et aboutit, un an après, à un décret rendu en la forme des règlements d'administration publique et portant la date du 31 juillet 1851.

2° Position des Questions.

Pour bien déterminer l'objet de notre mission, nous devons relater ici textuellement les articles du Règlement d'administration publique du 31 juillet 1851 qui s'y rapportent plus spécialement :

ART. 2. La dite œuvre continuera à former, comme par le passé, un seul tout indivisible, et les dépenses de son entretien, mises en commun, seront réparties sur tous les intéressés, conformément aux accords faits entre les parties et qui sont écrits aux actes des 16 juillet 1642 et 4 janvier 1678, au cadastre du 2 août 1683 et dans la délibération-contrat du 5 mars 1827. En conséquence, la répartition des charges sera faite par une nouvelle expertise générale ayant pour but d'assigner à chaque parcelle une quote-part proportionnelle au bénéfice qu'elle a retiré et qu'elle continuera à retirer du dessèchement, objet et fin dernière de l'œuvre ; ce qui s'effectuera en prenant pour base de l'avantage obtenu jusqu'en 1827, époque du traité avec l'Etat,

4

les contrats de 1642 et 1678 ainsi que le cadastre de 1683, et pour base des améliorations postérieures les résultats produits pour chacun par les ouvrages ajoutés à l'œuvre ancienne de Wan-Ens, ou par les agrandissements et perfectionnements des diverses parties de cette œuvre.

Les parcelles provenant des dessicateurs successeurs de Wan-Ens feront partie de ladite expertise générale et seront cotisées en raison de leurs intérêts et de leurs droits, conformément aux bases désignées dans le paragraphe précédent.

Art. 5. Le paiement des intérêts et celui du capital de la dette, en cas de remboursement, continueront à être répartis, d'après les bases anciennes, sur ceux qui l'ont contractée.

Art. 52. Il y aura une matrice des rôles, générale et unique pour tout le Corps du dessèchement, dans laquelle chaque intéressé aura tout ce qui le concerne réuni dans un seul article détaillé, présentant les différentes parcelles qu'il possède dans chaque bassin avec les cotisations afférentes à ces parcelles :

1o Pour l'entretien des ouvrages anciens ;

2o Pour l'entretien des ouvrages nouveaux ;

3o Pour la dette.

Quant aux travaux qui pourraient être délibérés par une Association partielle pour l'amélioration et le compte particulier de son bassin, la répartition des dépenses fera l'objet d'une matrice spéciale dressée ensuite de l'expertise particulière à laquelle ces travaux auront donné lieu.

Art. 64. L'expertise générale nouvelle, prescrite par l'art 2 du présent Règlement, sera confiée à trois experts dont un Géomètre, un Ingénieur et un Propriétaire agronome.

Ces experts seront choisis, par le Préfet, sur une liste triple de candidats pour chaque catégorie, proposés à la majorité des suffrages par le Syndicat central.

Art. 65. Pour aider et guider les experts dans l'accomplissement de leur mandat, il leur sera soumis, en outre des contrats, actes et

documents qu'ils jugeront leur être nécessaires, une copie du tableau
général des canaux et ouvrages d'art dont il vient d'être parlé à l'art.
63, et, de plus, un second tableau dressé même par l'Ingénieur du
Gouvernement, présentant pour chacun des anciens canaux de Wan-
Ens qui ont été élargis ou approfondis depuis 1827, les dimensions
primitives de ces canaux et leurs dimensions nouvelles. Ce second
tableau indiquera encore et aussi exactement qu'il sera possible de le
faire, une estimation comparative des frais d'entretien de ces canaux
dans chaque dimension.

Art. 66. Le travail des experts terminé, la nouvelle matrice ca-
dastrale faite par eux demeurera déposée pendant un mois aux archives du Syndicat central pour être comuniquée aux intéressés afin qu'ils
puissent faire leurs observations et réclamations sur un registre ouvert
à cet effet ; avis de ce dépôt sera publié et affiché par les soins du
Syndicat.

A l'expiration du mois, le tout sera soumis à la Commission spéciale
qui prononcera après avoir entendu les experts.

De ces dispositions combinées entr'elles, ressortent deux questions
principales, savoir :

Les charges anciennes ou la dette (cadastre de 1683);
Les charges actuelles ou l'entretien (cadastre de 1855), soit :
Périmètre,
Classement,
Matrice générale.

Nous allons successivement examiner ces divers chefs :

1re QUESTION.

Les Charges anciennes ou la Dette (Cadastre de 1683).

Dès son origine, l'Association des Vuidanges se trouva dans la nécessité de recourir aux emprunts pour faire face à ses obligations. Les cotisations annuelles suffisaient à peine aux dépenses d'entretien, et à chaque fois qu'il y avait un grand travail à entreprendre ou un procès à soutenir, et il y en eut malheureusement beaucoup, le capital nécessaire était réalisé au moyen d'une constitution de rente. Nous avons sous les yeux l'état de ces rentes tel qu'il nous a été fourni par l'Association : il s'élève à la somme totale de 17,300 fr. 08 cent. , et représente, au taux légal du remboursement, un capital de plus de 500,000 francs.

Le Règlement ne l'aurait pas formellement dit, comme il l'a fait dans son article 3, qu'en raison, en équité et en droit, les charges qui résultent de la dette ne peuvent incomber qu'à ceux qui l'ont contractée.

Or, la dette a été contractée par l'ancienne Association , sans le concours ni la participation de Wan-Ens et de ses ayant-droit et successeurs, ceux-ci ayant constamment satisfait à leurs obligations à dater du traité de 1642 et de la transaction de 1678, en payant directement les sommes qui leur revenaient dans la répartition de la dépense. D'où il suit, en premier lieu, que *le rôle de la dette ne doit comprendre que les anciens propriétaires , à l'exclusion des successeurs de Wan-Ens.*

En second lieu, la dette est , dans son origine, la représentation des dépenses de l'Association aux diverses époques de son existence.

Si, au lieu de s'acquitter des nécessités du présent en grevant l'avenir, l'Association, comme elle en avait le droit, eût imposé une cotisation équivalente à la somme empruntée, le rôle dressé à cet effet aurait compris tous les propriétaires alors incorporés dans l'Association, et rien que ces propriétaires ; il les aurait compris pour les parcelles alors engagées dans l'Association, et rien que pour ces parcelles ; et ces parcelles auraient été cotisées selon le degré d'intérêt qu'elles avaient ou étaient censées avoir aux travaux de dessèchement, d'après le cadastre alors en vigueur.

Il dérive de là :

Que les charges de la dette doivent peser sur toutes les terres comprises dans le périmètre de l'ancienne Association, sauf toujours celles des dessicateurs ;

Et qu'elles doivent être réparties d'après les bases et les indications du cadastre de l'ancienne Association.

En d'autres termes et pour être plus court, que les charges de la dette sont régies par le cadastre de 1683.

Cette œuvre, si remarquable par le soin avec lequel elle fut accomplie, par l'exactitude des détails et l'impartialité des appréciations, reste aux archives de l'Association dans un parfait état de conservation. Nous en avons fait une étude spéciale et nous sommes fait seconder dans cette partie de notre tâche, par une personne bien connue à Arles et notamment du Syndicat central, pour ses travaux consciencieux sur le cadastre des vuidanges. Nous n'avons pas besoin d'ajouter que les dépouillements qui nous ont été ainsi fournis, ont été vérifiés par nous avec soin de manière à devenir notre propre travail et à pouvoir être présentés sous la garantie de notre serment.

Comme tous les anciens livres terriers, le cadastre de 1683 désigne les terres sous le nom du propriétaire de l'époque et les délimite par les confronts avec les propriétés limitrophes désignées de la même manière, c'est-à-dire au moyen d'un nom propre. Le livre d'ailleurs ne se rapporte pas à un plan qui y soit annnexé; la configuration et la situation de la propriété résultent de la description qui en est faite, description qui fait connaître, du resté, la qualitéde la terre par son genre d'exploitation ou, pour mieux dire, de produit.

On le voit, il n'y a rien là qui ressemble à ce que nous appelons aujourd'hui un cadastre, et il a fallu un long travail pour arriver à se reconnaître dans une telle description, en rapportant le vieux livre terrier au cadastre parcellaire de la commune. Une fois ce rapport établi pour quelques parcelles seulement, la clé du vieux cadastre a été trouvée, et tous les terrains qu'il comprend et décrit sont venus, un à un, prendre leur rang et numéro dans les sections du cadastre parcellaire.

L'identité des terrains classés en 1683 étant ainsi constatée, la première remarque que nous avons faite, c'est qu'à beaucoup près ces terrains ne sont pas tous restés dans l'Association, ou, si l'on veut, n'ont pas continué à en supporter les charges. La totalisation faite par les experts, dans la conclusion de leur rapport, donne à l'Association, non compris toujours les terres des dessicateurs, une contenance de 27,176 cétérées 15 dextres (7,118 hectares 58 ares 07 cent.), tandis que le rôle actuel, basé cependant sur le cadastre de 1683, n'arrive pas à 20,000 cétérées.

D'où provient une telle différence entre les terres classées et les terres imposées? Est-ce abusivement et à la faveur de la confusion qui a régné de 1789 à 1805, que le quart environ des redevables est parvenu à se soustraire à l'impôt ? C'était l'opinion de l'Association et l'un des motifs sur lesquels on s'est fondé dans le temps pour demander un nouveau règlement et un nouveau cadastre.

On en aurait jugé autrement si l'on s'était reporté sur le cadastre lui-même, et l'on aurait trouvé l'explication du fait dans des notes marginales placées en regard d'un assez bon nombre d'articles.

Comme tous les travaux de cette nature, le cadastre de 1683 ne répondit pas toujours aux opinions préconçues de l'intérêt privé. A peine était-il mis en recouvrement que des réclamations se produisirent, devant le Corps lui-même, et ensuite devant les tribunaux compétents. Sans doute, elles ne furent pas toutes accueillies, mais, pour un nombre assez notable, il y eut des jugements ou des transactions dont l'effet fut de réduire, par voie de dégrèvement, la contenance périmétrale de l'Association.

Voilà la principale cause de la différence signalée. L'abus y a aussi sa part, et il est hors de doute que, confié à certaines époques en des mains peu sûres, le cadastre a dû éprouver des altérations, non dans le texte, qui reste pur de toute surcharge ou mutilation, mais dans ces notes marginales dont nous avons parlé plus haut et qui, toutes, ne sont pas justifiées par l'existence d'un acte régulier de dégrèvement.

Il y avait donc là une étude à faire, une sorte de ventilation à opérer. Voici les règles qui nous ont dirigés dans cette partie de notre tâche.

En premier lieu, la note marginale doit être considérée comme une simple indication et non comme une preuve de la légitimité du dégrèvement.

En deuxième lieu, le dégrèvement ne peut être légitimé que par une décision contradictoire de l'autorité compétente, c'est-à-dire une sentence du Lieutenant du Roi en la Sénéchaussée d'Arles, et un Arrêt du Parlement d'Aix, en cas d'appel; ou par une transaction émanée non des Syndics ou Intendants, qui ne sont que de simples administrateurs, mais du Corps entier représenté par l'Assemblée générale. Ces règles, conformes au droit de l'époque, sont encore les mêmes qu'on invoquerait aujourd'hui, sauf la différence de juridiction que le régime nouveau a introduite en matière d'associations territoriales.

En troisième et dernier lieu, les dégrèvements régulièrement obtenus sur le cadastre de 1683, ne valent aujourd'hui que pour la cotisation en vue de laquelle ce cadastre est maintenu, c'est-à-dire pour la dette. Pour les charges qui se rapportent, non au passé mais au temps présent, quelles qu'elles puissent être d'ailleurs, le cadastre de 1683 cesse d'être en vigueur; et les terrains doivent être classés, et les cotisations, réglées, d'après la nouvelle expertise générale prescrite par le règlement du 31 juillet 1854.

La règle étant ainsi posée , citons maintenant quelques exemples.

Les experts de 1683 avaient compris dans leur classement le quartier dit alors de la *Baïsse d'Aubert*, situé à l'est du chemin de Barbegal. Dans leur rapport, ils reconnaissaient que ce quartier, *complanté de vignes en grande partie, était d'une élévation à ne point craindre les eaux des étangs ni même les inondations en cas de rupture des chaussées du Rhône*. Ils l'avaient néanmoins classé à raison de ce qu'il vidait ses eaux natives dans l'étang, *par artifice et œuvre de mains, et au moyen d'un grand fossé qui est au milieu et au plus bas de la dite vallée*.

Ces motifs n'ayant point paru valables aux intéressés, et le Corps maintenant d'ailleurs le classement proposé , l'affaire fut portée devant la Sénéchaussée , et aboutit à un jugement en date du 18 août 1685 et rendu sur rapport d'expert. Ce jugement déclare que les terres de la Baisse d'Aubert *ne reçoivent aucun bénéfice des ouvrages du Corps des Vuidanges, les décharge de contribuer aux charges du dit Corps et ordonne qu'elles seront tirées du livre cadastre dans lequel elles ont été écrites et cotisées.*

On le voit, rien ne manque à la validité de ce dégrèvement, et sauf l'ordre de juridiction qui n'est plus le même, on ne pourrait aujourd'hui procéder d'une manière plus régulière. Nous ne croyons pas avoir besoin d'ajouter que, dans notre cadastre de la dette, aucune des terres de la Baisse d'Aubert ne figure, pas même celles, et il y en a quelques-unes, pour lesquelles il n'existe pas de note marginale au cadastre de 1683. Nous dirons par anticipation que, sur la question du fond , nous partageons l'opinion de l'expert sur le rapport duquel fut rendue la sentence de 1685, et qu'à notre avis, le bénéfice indirect expliqué dans le rapport des auteurs du cadastre de 1683, ne constitue pas un motif suffisant de classement. Aussi, et dans notre propre travail pour l'entretien des ouvrages anciens et des ouvrages

nouveaux, la Baisse d'Aubert reste en dehors du périmètre de l'Association, comme elle y était déjà pour les charges de la dette (1).

Le propriétaire de Mont d'Argent, dans le voisinage de Barbegal,
se plaignit de ce qu'on l'avait taxé outre mesure dans le nouveau cadastre. Il se trouvait compris pour plus de 250 cétérées (65 hectares
37 ares partie au 4ᵉ, partie au 6ᵉ et partie au 7ᵉ degré. A son avis,
quelques-unes de ses terres, mais en bien moindre contenance, profitaient du dessèchement ; pour toutes les autres, c'était justice de le
décharger. Avant de s'engager dans un nouveau procès, les Intendants
du Corps voulurent *s'éclaircir de la vérité par une descente qu'ils firent
eux-mêmes sur les lieux en compaguie du sieur de Cadenet et assistés de
leur conseil.* On trouva que la réclamation était fondée et que, de tout
le tènement du Mas, une contenance de 13 cétérées 17 dextres seulement profitait du dessèchement et qu'elle ne devait être portée qu'au
7ᵉ degré. Une convention privée fut rédigée en ce sens entre les parties et convertie en acte public, sur l'autorisation donnée par l'assemblée du Corps dans sa réunion du 28 février 1702. Cet acte, passé le
23 août de la même année aux écritures de Jéhan, alors notaire de
l'Association, nous a été produit en expédition en règle par le propriétaire actuel du Mont d'Argent.

Ici, encore, nous avons reconnu le caractère d'un dégrèvement
régulier. Il n'y a, à la vérité, ni expertise ni jugement, mais accord
sanctionné par l'Assemblée générale du Corps, toujours maîtresse de
transiger sur ses droits. Le Mont d'Argent ne doit donc rien à la dette
pour la contenance déclassée. Mais nous n'avons pas cru que l'arran-
gement dût nous lier pour les charges actuelles. Après avoir soigneusement visité cette propriété, nous avons repris en partie ce que les
Intendants avaient cru devoir abandonner en 1702.

(1) Nous avons pris une décision conforme pour un autre quartier également fort étendu,
celui du Lagarez ou de la Légaresse, dans les parties basses du marais ; les experts de
1683 l'avaient cotisé comme ayant reçu une certaine amélioration par le fait du dessèchement ; leur appréciation fut reconnue trop rigoureuse et le bénéfice trop incertain pour
motiver l'incorporation. Vérification faite des lieux, nous avons maintenu l'exemption, non
seulement pour la dette, elle était de droit, mais encore pour les charges présentes.

Une note marginale, placée en regard de l'article du folio 121 du cadastre en regard de l'article *Barraly Jacques*, porte que la terre qui fait l'objet de l'article, classée par les experts, a été déchargée par transaction ou convention passée entre les Syndics du Corps et le possesseur.

On ne s'explique point ce dégrèvement. Cette terre, dont nous avons constaté l'identité, correspond aux parcelles 2, 3 et 4 de la section S du cadastre de la commune; elle est au nord du pont de Crau et au couchant du Vigueirat. Toutes les parties qui l'avoisinent sont classées ; elle profite, comme elles, des ouvrages du dessèchement, et c'est à bon droit, à notre avis, que les experts de 1683 l'ont cotisée.

Il paraît que cette cotisation devint l'objet d'une longue procédure, et il est à présumer que ce fut pour en finir que les Syndics consentirent au déclassement. Toutefois, comme leur décision ne se retrouve point ; que, d'ailleurs, elle ne pourrait valoir qu'autant qu'elle serait sanctionnée par l'Assemblée générale ; et que rien n'annonce, même dans la note marginale du cadastre, que cette sanction ait été donnée, nous avons considéré le déclassement comme mal fondé à tous égards, et nous avons repris la terre entière, tant dans le cadastre de la dette que dans celui de l'entretien des ouvrages anciens et des ouvrages nouveaux.

Aux dégrèvements opérés sous l'ancien régime de l'Association, nous pourrions en joindre un certain nombre d'autres formant une classe à part et dont la série se rapporte au temps et au régime actuels. Nous voulons parler des déclassements opérés, par le Conseil de Préfecture des Bouches-du-Rhône, à la demande de divers propriétaires dont les terres, enclavées dans le périmètre de 1683, font néanmoins partie du territoire de Tarascon et sont comprises, en cette qualité, dans l'Association des Vuidanges de cette ville. Les Arrêtés qui prononcent le déclassement portent la date des 9 octobre 1807, 30 janvier 1808, 5 mai 1818, 2 janvier 1834 et 25 juin 1835. Mais comme ces actes, en opérant la distraction des terres y énoncées, maintiennent cependant, pour ces terres, la charge de la dette comme ayant été contractée à une époque où elles faisaient légalement partie de l'Association, nous n'avons pas à nous y arrêter autrement dans cette partie de notre travail, nous réservant d'y revenir plus bas pour examiner la valeur des décisions obtenues au double point de vue de la compétence du tribunal et du fond même de la question.

Les exemples que nous avons cités suffisent pour indiquer dans quel esprit nous avons traité la question des dégrèvements. Afin de compléter cette partie de notre tâche, nous avons fait, sur le Cadastre même, un relevé général de ces dégrèvements avec l'indication des motifs de maintien ou de rejet. Il résulte de ce document que les terres ainsi sorties du cadastre représentaient un ensemble fort approchant de la différence qui existe entre la contenance totalisée par les experts de 1683 et celle qui est portée actuellement au rôle de l'Association. La part de l'abus était moins grave qu'on ne se l'était figuré; nous l'avons reprise, d'ailleurs, au moyen de notre classement.

La question des dégrèvements anciens étant ainsi vidée, nous avons dressé l'état général des terres qui doivent être comprises dans le rôle de la dette. Ce rôle, ainsi que cela devait être, n'est au fond que la reproduction de l'ancien cadastre, sauf les modifications résultant des dégrèvements admis. Les terres y sont distribuées, au point de vue de l'intérêt au dessèchement, en dix classes contribuant, pour la contenance d'une cétérée, soit 26 ares 194, dans la proportion des nombres suivants :

La	1re	20
La	2e	15
La	3e	12
La	4e	9
La	5e	7
La	6e	5
La	7e	4
La	8e	3
La	9e	2
La	10e	1

De telle sorte que, sur une somme de 3 fr. 80 c. prise pour unité,
la cotisation de la cétérée est :

			F.	C.
Pour la	1ʳᵉ classe,	de	1	00
Pour la	2ᵉ —	de	0	75
Pour la	3ᵉ —	de	0	60
Pour la	4ᵉ —	de	0	45
Pour la	5ᵉ —	de	0	35
Pour la	6ᵉ —	de	0	25
Pour la	7ᵉ —	de	0	25
Pour la	8ᵉ —	de	0	15
Pour la	9ᵉ —	de	0	10
Pour la	10ᵉ —	de	0	05

C'est littéralement la classification de 1683 ; les experts de 1855
n'avaient là à faire qu'un travail de dépouillement.

Il s'est présenté cependant une série de cas où nous avons dû inter-
venir par une opération directe. Un certain nombre de domaines sont
classés par corps et distribués entre diverses classes par indication nu-
mérique de la contenance afférente à chaque classe, mais sans désigna-
tion de la partie du domaine qui doit être affectée à chacune d'elles.
Il y avait là une division à faire ; nous l'avons opérée sur les lieux,
par comparaison avec les autres classements du Cadastre, et nous ne
pensons pas nous être écartés, dans ce travail, de l'esprit qui a dicté
le classement général de 1683.

Tous ces préliminaires remplis, nous avons dressé notre matrice de
la dette par états de section du cadastre parcellaire, et pour répartition entre toutes les parcelles cotisables, d'une somme de 17,300 fr.
08 c., montant de l'intérêt annuel à servir, ladite somme portée au
nombre rond de 18,000 fr. par l'addition des frais d'administration
afférents à cette partie du service. Cette répartition donne les résultats
suivants.

DÉSIGNATION des CLASSES.	CONTENANCE par CLASSES.			MARC LE FRANC par HECTARE.		PRODUIT par CLASSE.	
	Hect.	Ares.	cent.				
1re	625	00	69	8	683,220	5,427	07
2e	377	59	73	6	512,415	2,459	07
3e	487	81	14	5	209,932	2,541	46
4e	530	02	22	3	907,449	2,071	04
5e	215	59	93	3	039,137	655	24
6e	626	37	53	2	170,805	1,359	74
7e	1,393	98	72	1	736,646	2,420	86
8e	331	26	11	1	302,483	431	46
9e	671	60	08	0	868,322	583	17
10e	117	22	13	0	434,161	50	89
	5,376	48	28			18,000	00

Nous n'avons pas besoin d'ajouter que la base resterait la même en cas de remboursement partiel ou total de la dette.

2ᵉ QUESTION.

Les Charges actuelles ou l'Entretien. (Cadastre de 1855)

———∘∘⦂●⦂∘∘———

L'œuvre du dessèchement s'est contituée à l'aide des sacrifices que se sont imposés, sous des formes diverses, soit les anciens propriétaires, soit les dessicateurs.

Ces derniers se sont entièrement libérés de ces charges primordiales, et l'acte de 1678 a terminé tous les différends qui, à cet égard, pouvaient exister entr'eux et l'Association.

Les propriétaires se sont également acquittés, soit avant, soit après l'acte de dessèchement de 1642, mais pas toujours par des sacrifices actuels. Pliant sous le poids des charges, ils les ont, en partie, rejetées sur l'avenir en contractant une dette qui pèse encore sur eux et dont ils ont à servir les intérêts et à opérer ultérieurement le remboursement. Pour le passé, ils demeurent seuls obligés, et le Cadastre de la dette répartit entr'eux la somme de cette partie de leurs obligations.

Maintenant, et les charges primordiales étant ainsi définitivement réglées, il s'est présenté, dans le cours du demi-siècle qui vient de s'écouler, une dépense nouvelle pour la réorganisation du dessèchement. Après de longues hésitations et au milieu des graves embarras dans lesquels l'Association se trouvait jetée à raison de l'énormité de la dépense à faire, une heureuse solution se présente ; l'Etat reconstitue l'ancien dessèchement et lui donne même un notable degré de perfection, en mettant le canal de navigation d'Arles à Bouc à la dis-. position de l'Association, et en appropriant ce grand ouvrage à cette nouvelle destination. Pour obtenir cet avantage, il en coûte à l'Association une somme à payer à l'Etat à titre de concours, et une dépense directe à faire dans le but de raccorder ses propres ouvrages avec ceux du canal de navigation. Ce *concours* d'une part, cette dépense directe d'autre part, sont répartis entre tous les intéressés, sans distinction de groupes, d'après les bases posées dans la délibération des 4 et 5 mars 1827 et au moyen du Cadastre spécial de 1834.

Ainsi, liquidation et répartement sont faits de toutes les charges relatives à la constitution primitive de l'œuvre et à sa réfection après le désastreux abandon de 1789. Le passé est entièrement réglé, et il ne reste plus qu'à pourvoir aux nécessités du présent, c'est-à-dire à l'entretien de l'œuvre telle qu'elle existe, telle que l'ont faite les travaux de Wan-Ens et ceux exécutés à la suite et en conformité des engagements pris dans la délibération et le traité de 1827.

Ici commence notre tâche à proprement parler. Le Cadastre dont la rédaction nous est confiée a essentiellement pour but de déterminer la quote-part de chaque intéressé à l'entretien de l'œuvre.

Des dispositions diverses du Règlement que nous avons plus haut relatées, la plus importante, sans contredit, en ce qui concerne la nouvelle expertise générale, c'est l'art. 2.

Cet article, nous le reconnaissons, présente, au premier abord, des obscurités ; mais quand on vient à l'approfondir et à le comparer à l'esprit général du Règlement lui-même, on ne tarde pas à en pénétrer le sens.

Ce n'était point une Association nouvelle que le décret du 31 juillet 1851 avait à règlementer ; l'Association d'Arles remontait à plus de trois siècles, et, durant cette longue existence, elle s'était liée par des contrats et des traités, dont il y avait à tenir compte en la réorganisant. Incontestablement, la réorganisation devait être basée sur la loi actuellement en vigueur, mais en conciliant cette loi autant que possible avec les anciennes transactions. Et c'est en effet ce que le Règlement nouveau s'est proposé. Si, dans son en-tête, il vise les lois des 14 floréal an XI et 16 septembre 1807, il n'en mentionne pas moins les traités et conventions de 1619, 1642 et 1678. La loi fondamentale doit être appliquée, c'est-à-dire que les charges doivent être réparties

entre tous ceux qui profitent et selon le degré d'utilité qu'ils retirent.
Mais, dans cette répartition, il doit être soigneusement tenu compte
des stipulations librement consenties relativement à la répartition de la
dépense entre les divers groupes d'intéressés.

Or, quelles sont ces stipulations ?

Les voici en peu de mots :

1o La Ville et l'Association d'Arles se sont anciennement obligées,
moyennant une somme une fois payée, à recevoir et conduire, à travers leur propre territoire, les eaux provenant de Tarascon et lieux
supérieurs. Cette servitude contractuelle doit être maintenue, et la
dépense de l'entretien du Vigueirat doit être entièrement répartie entre
les intéressés de la vallée d'Arles, sans que l'expertise puisse y comprendre les intéressés de la vallée de la Viguerie ;

2o Les successeurs de Wan-Ens, possesseurs des deux tiers des
teres desséchées, ne contribueront que pour un tiers à l'entretien des
ouvrages de dessèchement. C'est là un privilège, plus apparent que
réel, ainsi que nous le démontrerons bientôt dans notre classement
général. Mais, enfin, il place les dessicateurs dans une situation spéciale où il convient de les laisser aussi longtemps qu'ils n'y auront point
renoncé ;

3o Par la déclaration faite en 1827, les dessicateurs ont renoncé au
bénéfice, s'il y en a, de cette situation, en ce qui concerne les obligations alors contractées, les travaux alors entrepris pour l'amélioration
du dessèchement, et ils ont consenti, pour ce chef, mais pour ce chef
seulement ; à être taxés comme tout le monde, d'après la loi en
vigueur, c'est-à-dire selon l'utilité qu'ils retirent. C'est ainsi qu'ils se
sont acquittés pour la dépense première. C'est ainsi encore qu'ils doivent s'acquitter pour l'entretien des travaux et ouvrages qui ont fait
suite au traité de 1827.

En d'autres termes, c'est la convention de 1619 qui régit l'entretien
du Vigueirat en ce qui concerne les deux communes limitrophes ;

C'est l'acte de 1642, modifié par la transaction de 1678, qui règle la quotité de la contribution des dessicateurs à l'entretien des anciens ouvrages ;

C'est la loi de floréal an XI, invoquée dans la délibération de 1827, qui régit le dessèchement tel que l'a fait le traité de 1827 ;

C'est la même loi, en outre et surtout, qui seule régit et détermine la répartition individuelle dans toutes les combinaisons relatives soit aux anciens ouvrages, soit au nouveau dessèchement.

Quant au Cadastre de 1683, également nommé dans les dispositions du règlement de 1851 comme l'une des bases à adopter par la nouvelle expertise générale, nous avons longuement expliqué l'usage qu'il fallait en faire ; ce Cadastre est et doit être le régulateur de la dette ; mais il n'a et ne peut avoir d'autorité sur les autres questions qui se rattachent à l'expertise générale.

Voilà, à notre avis, le sens du Règlement. Les termes peuvent être enveloppés, mais la pensée est claire. Elle ressort de l'enquête, elle se retrouve tout entière dans l'avis si remarquable qu'après l'enquête, la Commission spéciale a été appelée à donner sur le projet de Règlement. Elle est d'ailleurs conforme à la raison et à l'équité, et elle concilie entr'elles la loi générale et les transactions particulières. Nous ne voyons pas d'autre interprétation possible, et le Règlement ne serait plus qu'une énigme s'il ne fallait pas le prendre dans le sens que nous venons d'expliquer.

En partant de ces données, dans lesquelles nous n'avons pris confiance qu'après un examen approfondi, voici de quelle manière nous avons procédé à notre expertise.

Périmètre.

Nous avons fait la reconnaissance du périmètre actuel de l'Association. Conformément à notre mandat, nous en avons retranché les terres qui ne nous ont pas paru profiter directement du dessèchement, et nous y avons fait entrer au contraire celles qui, non classées main-

6

tenant, retirent cependant une utilité réelle soit des anciens ouvrages, soit des ouvrages nouveaux.

En comparant nos plans avec ceux de l'ancienne Association, dressés par M. Gorsse, on verra que nos retranchements sont peu considérables et affectent de petites lisières extérieures, notamment dans la commune de Fontvieille. Le sol graveleux, les plantations d'oliviers et surtout la côte élevée de ces terrains, sont autant d'indices certains que les eaux du marais ne peuvent l'atteindre. Si notre proposition est adoptée, ils seront déclassés, mais pour le présent et l'avenir seulement; quant au passé, ils doivent continuer à en supporter les charges puisque ces charges ont été contractées à une époque où ils faisaient légalement partie de l'Association.

En ce qui concerne les augmentations ou extensions de périmètre, nous nous sommes occupés avant tout des terrains qui, non desséchés par les travaux de Wan-Ens, sont sortis de leur état habituel d'immersion par suite des perfectionnements que le canal de navigation a apportés à l'œuvre de 1642. Des surfaces considérables ont été ainsi classées sur divers points, et notamment autour des anciens étangs. Ici encore, nos plans, comparés à ceux de M. Gorsse, indiqueront l'extension de périmètre que nous avons obtenue de cette manière.

En second lieu, nous avons trouvé une nouvelle matière à classement par la reprise des terrains qui, régulièrement déclassés depuis la mise en vigueur du cadastre de 1683, et, par conséquent, affranchis de toute obligation relativement à la dette, profitent cependant soit de l'œuvre ancienne, soit des perfectionnements nouveaux.

En troisième lieu, nous avons déjà parlé de certains terrains situés dans le territoire de la commune de Tarascon qui, classés par les experts de 1683 et maintenus dans l'Association depuis cette époque, en avaient été distraits par décision du Conseil de Préfecture des Bouches-du-Rhône, non pour la dette, toujours obligatoire pour ceux qui l'ont contractée, mais pour les charges présentes. Ni au fond, ni en la forme, cette décision ne nous a paru pouvoir être consacrée par le nouveau cadastre. Nous devons entrer à cet égard dans quelques explications.

L'Association des Vuidanges d'Arles n'est pas limitée au territoire de cette commune; elle comprend une notable partie du territoire de Fontvieille et des lisières beaucoup moins considérables du territoire de Tarascon.

Une Association des Vuidanges ayant été constituée dans cette dernière commune, quelques propriétaires, compris à la fois dans l'un et l'autre périmètre, et astreints par conséquent à payer double cote, s'adressèrent au Conseil de Préfecture à l'effet d'obtenir d'être distraits du Corps des Vuidanges d'Arles.

Cette demande fut accueillie, en principe, par un Arrêté du Conseil du 9 décembre 1807, au profit des sieurs d'Augery, veuve Payan, Savoye aîné; hoirs Rousseau, Doria, Manuel et Cartier fils. Un Arrêté postérieur du 30 janvier 1808 maintint toutefois ces redevables dans l'Association pour le paiement de la dette.

Une seconde décision du même tribunal administratif, en date du 5 mai 1818, prononça une semblable distraction en faveur des sieurs Mauche, Masblanc et Fraud, également maintenus dans l'Association pour le paiement de la dette.

Un troisième arrêté fut rendu de la même manière en faveur du sieur Mourret, le 2 juin 1834, et un quatrième en faveur du sieur de Bouchaud, le 25 juin 1835.

Aucun recours n'ayant été formé contre ces Arrêtés, ils doivent être considérés comme définitifs relativement aux effets qu'ils ont produits jusqu'à ce jour. Il serait donc sans résultat d'ouvrir une discussion sur le mérite de ces actes au point de vue de la compétence du Conseil de Préfecture en matière d'adjonction ou de distraction du périmètre d'associations territoriales. Nous ne pouvons cependant nous empêcher de faire remarquer que c'est un point de doctrine aujourd'hui pleinement reconnu que, depuis la promulgation de la loi du 16 septembre 1807, les questions de périmètre n'ont d'autre juge que les commissions spéciales instituées en vertu de cette loi, avec recours au Conseil d'Etat.

En se substituant à ces commissions, le Conseil de Préfecture des Bouches-du-Rhône est sorti des limites de sa juridiction, et ses Arrêtés auraient pu parfaitement être déférés au Conseil d'Etat pour cause d'incompétence. Mais, nous le répétons, le jugement est devenu définitif faute d'appel, et il produira légalement ses effets jusqu'au moment où le classement ancien aura été remplacé par le classement nouveau.

Nous n'avions donc plus qu'à examiner la question de savoir si les terrains dont il s'agit doivent être repris dans le cadastre dont la confection nous est confiée.

Nous ferons remarquer tout d'abord que le Corps des Vuidanges d'Arles ayant été reconstitué par le décret du 31 juillet 1851, les décisions antérieurement rendues sur les questions de classement n'ont d'autre autorité que celle qui s'attache à un simple document concernant l'Association ancienne. Toute liberté reste au Corps nouveau pour la fixation de son périmètre.

La question à examiner est donc réduite à ces simples termes : les propriétaires du territoire de Tarascon, distraits de l'Association avant sa réorganisation, par Arrêtés du Conseil de Préfecture, sont-ils réellement sans intérêt dans l'entretien des ouvrages de dessèchement, soit anciens, soit nouveaux ? En ce cas, la distraction doit être maintenue ; mais, dans le cas contraire, c'est-à-dire si les terrains distraits continuent à profiter des travaux et ouvrages de l'Association, il est hors de doute qu'ils doivent être repris pour contribuer à la dépense comme les autres terrains protégés.

Or, il n'a jamais été contesté par les réclamants qu'ils eussent intérêt et profit aux ouvrages de l'Association d'Arles ; et telle est en effet leur position que cet intérêt est évident. Ils se bornent à alléguer qu'ayant été classés dans l'Association des Vuidanges de leur propre commune, il ne serait point juste de les maintenir dans l'Association d'Arles et de les mettre ainsi dans le cas de payer double taxe pour le même objet.

Cette raison, la seule que l'on trouve dans les considérants des

Arrêtés du Conseil de Préfecture, est loin d'être décisive. La circonscription communale ne saurait préjuger les questions de périmètre d'associations territoriales, et les exemples abondent de terrains appelés à contribuer dans l'association d'une commune autre que celle dont ils font partie. La terre paie où elle est protégée, et si les ouvrages de l'Association d'Arles protègent, comme de fait, certaine partie du territoire de Tarascon, il y a lieu de classer cette partie du territoire de Tarascon dans l'Association d'Arles. Et il y a d'autant moins à hésiter, que l'intérêt est fort ancien et que le classement à faire n'est pas une innovation, puisqu'on le retrouve dans le Cadastre de 1683.

Quant à l'inscription des mêmes terres au rôle de l'Association des Vuidanges de Tarascon, c'est là un fait dont nous n'avons point à nous occuper. C'est aux réclamants qu'il appartient d'examiner si la cote ainsi payée, à Tarascon, répond à un avantage réellement obtenu dans l'Association de cette commune, auquel cas ils doivent se résigner à payer deux cotes puisque, dans cette hypothèse, ils retirent double avantage. Les exemples encore ne manquent point de ce genre de situation. Si, au contraire, ils croient être sans intérêt dans l'Association de leur commune, ils doivent se pourvoir devant qui de droit pour obtenir un jugement de distraction.

Par tous ces motifs et considérations, nous avons replacé les terrains dont il s'agit dans le périmètre de l'Association des Vuidanges d'Arles, où ils seront classés selon le degré d'utilité qu'ils retirent du dessèchement.

Les questions de périmètre étant ainsi épuisées, nous avons passé à l'opération non moins importante du classement.

Classement.

Les experts de 1683 avaient distribué les terrains cotisables en dix classes dont la cotisation, réglée d'après le degré d'utilité qu'ils reti-

raient, tant des anciens ouvrages des Vuidanges que de ceux du dessèchement de 1642, était de :

20 sols la cétérée dans le 1er degré.

15	—	2e —
12	—	3e —·
9	—	4e —
7	—	5e —
5	—	6e —
4	—	7e —
3	—	8e —
2	—	9e —
1	—	10e —

Cette classification, qui n'excède point d'ailleurs les limites posées
par la loi du 16 septembre 1807, relativement au nombre des zònes,
nous a paru répondre encore à l'état actuel des lieux, et nous l'avons
adoptée pour le Cadastre nouveau, sauf la différence dans les dénominations d'unité de contenance et de taxe. C'est l'hectare au lieu de
la cétérée, c'est le franc et le centime au lieu du sol.

Ainsi, tous nos terrains sont distribués en dix classes, dans chacune
desquelles l'hectare contribuera au marc le franc sur une somme de
3 fr. 80 c.

			F.	C.
Dans la	1re à raison de	1	00
Dans la	2e	—	0	75
Dans la	3e	—	0	60
Dans la	4e	—	0	45
Dans la	5e	—	0	35
Dans la	6e	—	0	25
Dans la	7e	—	0	20
Dans la	8e	—	0	15
Dans la	9e	—	0	10
Dans la	10e	—	0	05

La classe d'un terrain est déterminée à raison de toute l'utilité qu'il retire aujourd'hui du dessèchement tel qu'il fonctionne actuellement, c'est-à-dire composé d'ouvrages anciens et d'ouvrages nouveaux. On vient de voir que c'est ainsi et sans autre distinction, qu'avaient procédé nos devanciers. Et, en effet, l'utilité est une et ne saurait se fractionner en se localisant. Tel terrain est desséché, à tel degré, avec tels risques et périls, de façon à pouvoir être exploité de telle ou telle manière, à donner tel produit ou tel autre, à le donner constamment ou seulement un certain nombre d'années dans une période assez longue pour renfermer toutes les éventualités de la culture dans le marais : voilà les éléments qui constituent le degré d'utilité, éléments dont il serait périlleux de vouloir assigner l'origine d'une manière rigoureuse, parce qu'ils sont produits par l'ensemble de l'œuvre du dessèchement non moins que par les dispositions particulières avec lesquelles ils semblent avoir plus de rapport.

Maintenant, à quel signe avons-nous reconnu la classe, le *dégré*, comme dit l'ancien Cadastre ? Nous répondrons qu'il ne peut rien y avoir d'absolu en pareille matière et que le moyen le plus sûr de se tromper souvent, ce serait de vouloir assujétir à une règle invariable une appréciation comme celle qui nous était confiée. A l'exemple de nos prédécesseurs de 1683, dont nous tenons le travail dans la plus haute estime parce que nous l'avons examiné de près, à leur exemple, disons-nous, nous avons exploré le territoire, nous l'avons étudié dans son ensemble et dans ses parties; nous avons vu par nous-mêmes sans dédaigner pour cela les renseignements qui nous étaient donnés sur les lieux; nous avons cherché à nous rendre un compte exact de toutes choses ; et puis, cet examen terminé et, la main sur la conscience, nous nous sommes prononcés. Voilà notre formule.

Ce n'est pas à dire toutefois que notre classement ne puisse se rattacher à quelques principes généraux dont l'application se retrouve dans tous les travaux de cette nature.

Nous mettrons en première ligne la cote de nivèlement, modifiée toutefois selon la situation des lieux en tenant compte des pentes des canaux , la même cote pouvant indiquer la submersion, dans les parties hautes du marais, et la terre dégagée des eaux, dans les parties basses.

Nous avons également pris en considération le voisinage immédiat du Vigueirat à cause du danger de rupture des digues, et la position critique des terrains qui , après avoir été inondés, sont d'un écoulement beaucoup plus difficile à raison du passage des eaux par les nocs ou syphons.

Toutes circonstances égales d'ailleurs , le voisinage immédiat de la Ville nous a paru être une cause légitime d'élévation de classe , à raison du plus haut prix de la terre et des facilités, de l'exploitation.

Généralement, les terrains du marais sont de même nature , et leur différence, au point de vue du classement , provient moins d'eux-mêmes que des circonstances de leur situation Toutefois, dans certaines parties, et principalement aux abords de l'étang de Meyrane et sous les Coustières de Crau, le sol présente , dans sa constitution , des différences dont nous avons dû tenir compte. On rencontre, en effet , dans cette région , des terrains dont le sous-sol , notablement argileux, ne permet que le pré palustre là où les cotes de nivellement tendraient à faire supposer que la culture des céréales y serait possible et même avantageuse.

Comme observation particulière , nous dirons que des herbages placés exactement dans les mêmes conditions que des terres céréales , ont été portés à la même classe que celles-ci , parce que nous avons considéré cet usage de la terre comme étant à la convenance des propriétaires, et qu'il dépend d'eux d'adopter l'autre genre d'exploitation.

En ce qui concerne le bassin de Meyrane , nous avons supposé que les travaux en cours d'exécution seraient achevés , et nous avons eu égard aux améliorations qu'ils doivent produire.

Une circonstance nous a frappés dans le bassin dont nous venons de parler, c'est la grande différence qui existe entre le dessèchement de Meyrane et celui des autres bassins. Deux canaux, la Chapelette et le Chalavert, arrivent déjà pleins dans la partie basse du pays et doivent cependant y fonctionner comme vuidanges. On ne trouve pas là, comme dans les autres parties du marais, un Vigueirat uniquement destiné à recevoir les eaux des lieux supérieurs. Nous estimons qu'un canal de ceinture devrait être établi pour recevoir et conduire les eaux apportées d'amont : et alors, la Chapelette et le Chalavert, déchargés de ce fardeau à leur entrée dans le bassin, fonctionneraient utilement pour l'écoulement de ses propres eaux. Dans cette hypothèse, et sous la condition de procéder à l'élargissement de la roubine de Meyrane, une grande amélioration serait produite dans la région.

Classés d'après les principes qui viennent d'être énoncés, les terrains compris dans notre périmètre se distribuent ainsi qu'il suit entre les dix classes :

		Hectares.	Ares.	Cent.
1re Classe	. . . .	1149	53	66
2e —	. . . .	827	71	44
3e —	. . . .	1354	29	22
4e —	. . . .	1296	33	51
5e —	. . . .	1390	22	20
6e —	. . . .	843	33	60
7e —	. . . .	555	45	49
8e —	. . . .	32	72	55
9e —	. . . .	4	41	58
10e —	. . . .	275	85	86
	TOTAL. . . .	7729	89	11

Ce classement comprend la totalité du marais imposable, sans égard à l'origine de la propriété, et abstraction faite de la distinction entre anciens propriétaires et dessicateurs. Toutefois, comme ceux-ci se trouvent dans une position spéciale par rapport à l'entretien des ouvrages anciens, auquel ils ne contribuent, quelles que soient d'ailleurs leur classe et leur contenance, que pour un tiers de la dépense, nous avons dû faire, sur nos états, le relevé des terres qui leur appartiennent en leur qualité de successeurs de Wan-Ens.

7

D'après ce relevé, les terres des dessicateurs sont comprises en entier dans les six premières classes, et pour les quatre cinquièmes environ dans les deux premières. Il ne pouvait en être autrement, le désemparement opéré en exécution du traité de 1642 ayant dû porter sur les parties les plus basses et, par conséquent, les plus exposées des terrains desséchés.

L'ensemble des terres désemparées présente une contenance de 1,908 hectares 35,78 (1) distribuées ainsi qu'il suit :

	Hectares.	Ares.	Cent.
1re Classe	854	40	49
2e —	406	04	38
3e — . . . . , . .	203	07	42
4e —	23	38	63
5e —	10	77	00
6e —	410	67	86
Total. . . .	1908	35	78

Ainsi, les dessicateurs possèdent moins en surface, et leurs terres, cotisées au tiers de la taxe totale, ne présentent cependant qu'un peu moins du quart de la contenance du marais, ce qui, au premier abord, semble constituer, non pas une faveur, mais une surtaxe.

Mais si l'on vient à considérer que ces terres, les plus exposées avant le dessèchement, sont celles qui ont reçu la plus notable amé-

(1) D'après le procès-verbal de désemparement des 14 août 1645 et 30 avril 1646, les deux tiers des dessicateurs ne s'élèveraient qu'à 1,667 h. 45.24. C'est une différence en moins dn 240 h. 90.54 sur notre dépouillement. Elle provient de ce que l'opération du désemparement fut complétée postérieurement par l'addition de certaines terres qui y avaient primitivement échappé. Il résulte, en effet, de l'acte de partage du 31 octobre 1653, entre les dessicateurs, des terrains désemparés à leur profit, qu'à cette époque ils n'avaient pas encore reçu tout ce qui leur revenait, et notamment que rien n'avait été cédé encore sur les terrains de la Gargatte et du Clôt du Rat.

(Voir l'acte de partage au Recueil de 1827, pages 117 et suivantes, et notamment à la page 126).

lioration, l'équilibre se rétablit, et les dessicateurs, qui possèdent moins du tiers en contenance absolue, représentent cependant une force contributive qui est réellement et à peu de chose près dans la proportion du tiers.

Rendons ceci sensible par une application.

Supposons qu'il y a à prélever, pour l'entretien des ouvrages anciens, une contribution totale de 12,000 fr. Voici de quelle manière la cote sera répartie sur l'ensemble du marais, et entre les dix classes, d'après les proportions de taxe que nous avons admises, avec et après l'ancien Cadastre :

DÉSIGNATION des CLASSES.	CONTENANCE par CLASSES.			MARC LE FRANC par HECTARE.		PRODUIT par CLASSE.	
1 re	1,149	53	66	3	00,460	3,453	90
2e	827	71	44	2	25,345	1,865	20
3e	1,354	29	22	1	80,276	2,441	46
4e	1,296	33	51	1	35,207	1,752	74
5e	1,390	22	20	1	05,161	1,461	96
6e	843	33	60	0	75,115	633	46
7e	555	45	49	0	60,092	333	78
8e	32	72	55	0	45,069	14	74
9e	4	41	58	0	30,046	1	32
10e	275	85	86	0	15,023	41	44
	7,729	89	11			12,000	00

Dans cette répartition, les dessicateurs sont confondus avec les anciens propriétaires ; ils paient comme eux, sans faveur ni surtaxe, en un mot, d'après le droit commun et abstraction faite de toute convention particulière.

Ils sont taxés ainsi qu'il suit :

DÉSIGNATION des CLASSES.	CONTENANCE par CLASSES.			MARC LE FRANC par HECTARE.		PRODUIT par CLASSE.	
1re	854	40	49	3	00,460	2,567	14
2e	406	04	38	2	25,345	915	00
3e	203	07	42	1	80,276	366	09
4e	23	38	63	1	35,207	31	62
5e	10	77	00	1	05,161	11	33
6e	410	67	86	0	75,115	308	48
	1,908	35	78			4,199	66

Ainsi, les dessicateurs, traités d'après la loi du 14 floréal an XI, paieront, sur la somme précitée de 12,000 fr., une quote part de 4,179 fr. 64 c. Si, au contraire, on leur fait application de la transaction de 1678, ils ne devront que le tiers de la cote totale, soit 4,000 fr. C'est une différence en moins de 199 fr. 64 c. Voilà à quoi se réduit ce privilège qui a semé tant de discordes ! Voilà la mesure du sacrifice que les dessicateurs ont fait, en 1827, en consentant à être traités comme tout le monde pour la dépense de restauration et de perfectionnement du dessèchement ! En présence d'une différence aussi minime dans les obligations respectives des deux principaux groupes d'intéressés, qu'il nous soit permis d'exprimer le vœu de voir tomber un jour la barrière qui les sépare, et l'unité reparaître dans une Association où, à part ce chef, les intérêts sont communs et identiques.

Matrice Générale.

Le classement dont nous venons d'indiquer les bases, doit servir à la répartition de la dépense entre les intéressés, sauf le privilège des dessicateurs en ce qui concerne l'entretien des ouvrages anciens.

Ainsi, pour les charges relatives à ces ouvrages, deux parts seront faites, l'une des deux tiers de la somme à dépenser, l'autre du tiers restant.

Les deux tiers incombant aux anciens propriétaires seront répartis entr'eux d'après le classement de 1855, le seul désormais qui régisse l'Association, si l'on met à part la dette ancienne, dont le Cadastre de 1683 continue à être le régulateur.

Quant au tiers afférent aux dessicateurs, ils le payaient en bloc et solidairement, sous l'empire des anciens règlements, sauf répartition entr'eux et leurs croupiers ou acheteurs, selon leurs accords et conventions.

Il n'en sera plus de même aujourd'hui. Le nouveau règlement a voulu substituer l'individu au groupe, et cela, à ce qu'il paraît, à la demande même des intéressés (1). On conçoit, en effet, que les propriétaires qui sont actuellement aux droits de Wan-Ens, n'aimassent pas à garder une responsabilité qui les obligeait au-delà de leur propre cote. D'autre part, il était à la convenance de l'Association d'imposer directement le propriétaire de la terre et d'exercer, sur lui et sa propriété, les droits et privilèges attachés à la perception de l'impôt.

C'est donc avec raison que, conformément à la lettre du Règlement (art. 2, 2 2), les parcelles provenant des successeurs de Wan-Ens ont été comprises dans l'expertise générale, et c'est d'après le classement issu de cette expertise, que le tiers des dessicateurs doit être réparti entr'eux.

(1) Voir les dernières observations de M. d'Olivier, visées dans l'en-tête du décret du 31 juillet 1851.

Tout ce que nous venons de dire s'applique à l'entretien des ouvrages anciens. En ce qui concerne les ouvrages nouveaux, grâce à la délibération de 1827, le groupe disparaît pour se fondre dans la grande famille ; il n'y a plus qu'une classe d'intéressés, et ils doivent tous contribuer en raison du degré d'utilité qu'ils reçoivent. En d'autres termes, la transaction de 1678 n'existe plus, nous sommes sous l'empire de la loi du 14 floréal an XI. C'est le classement pur et simple de 1855 qui régit la répartition des charges.

Mais que faut-il entendre par ces dénominations d'ouvrages anciens et d'ouvrages nouveaux, et la distinction a-t-elle d'ailleurs l'importance qu'on paraît y attacher ?

Nous ferons observer tout de suite relativement à ce second chef que, maintenue spécialement dans le but d'assurer aux dessicateurs la position que leur faisait la transaction de 1678, la distinction dont il s'agit n'a plus de sens ni de raison d'être du moment qu'en réalité, elle les place dans les mêmes conditions que les autres intéressés. Il résulte de ce que nous avons exposé plus haut, qu'en payant le tiers pour les ouvrages anciens, ils contribuent, à une légère différence près, selon les mêmes bases que les anciens propriétaires ; la proportion est à très peu de chose près la même que pour la dépense afférente aux ouvrages nouveaux et réglée d'après la loi commune.

Ce que nous venons de dire de la distinction dans ses rapports avec les dessicateurs, s'appliquerait à fortiori à l'autre groupe, c'est-à-dire aux anciens propriétaires.

Ici, moins d'intérêt encore à la classification en ouvrages anciens et ouvrages nouveaux, car les redevables sont assujétis à la même loi ; ils ne paient point à raison du fonctionnement isolé de tel ou tel ouvrage, mais selon le degré d'intérêt qu'ils reçoivent de l'ensemble de l'œuvre du dessèchement. Nous l'avons dit ailleurs, procéder d'une autre manière ce serait attaquer l'Association dans son essence même, ce serait reproduire, sous une forme détournée, le système de fractionnement que l'Enquête et, après elle, la Commission spéciale, avaient si énergiquement repoussé.

Si certaines parties du périmètre profitent davantage des ouvrages anciens ; si d'autres se sont plus ressenties du bienfait des ouvrages nouveaux , ni l'une ni l'autre de ces situations n'échappent aux charges qu'elles impliquent , *chaque parcelle étant classée , conformément aux prescriptions de l'art. 2 du Règlement , d'après les résultats produits soit par l'œuvre de Wan-Ens , soit par les agrandissements et perfectionnements des diverses parties de cette œuvre.*

Si encore , et c'est un fait que les enquêtes ont révélé , quelques propriétaires influents , abusant de leur position dans le Corps , en ont , à certaines époques , appliqué les fonds , de préférence , aux ouvrages qui leur profitaient le plus , qu'on se rassure , l'expertise générale y a pourvu , et la classe assignée aux terrains dont il s'agit , leur fera payer , dans une juste proportion , le bénéfice particulier dont ils avaient été avantagés.

Ainsi , et si l'on va au fond des choses , le classement des terrains répond à tout et renferme le principe de la division de cote que la matrice générale doit opérer , aux termes de l'article 52 du Règlement. Le classement détermine la taxe , la matrice la divise ; ce qui veut dire que , alors même qu'une erreur se serait glissée dans la division de la cote , il n'y aurait pas , pour cela , erreur dans la cote totale , car la cote totale préexiste à la division ; la cote totale , c'est l'utilité , c'est le profit , c'est le bénéfice du dessèchement considéré dans son ensemble comme dans ses parties. Le reste n'est plus qu'une simple opération de calcul.

Après nous être expliqués sur le sens et la portée de la classification , nous devons ajouter que nous n'en avons pas moins pris à tâche de nous conformer à cette partie des prescriptions du Règlement. Nous avons consulté avec grand soin les documents qui nous étaient signalés par le Règlement lui-même , à savoir les deux tableaux dont il est parlé aux art. 63 et 65 du Règlement. C'était là l'élément *officiel* de la distinction du dessèchement en ouvrages anciens et ouvrages nouveaux. Nous en avons trouvé un autre puisé dans le fond même de la question.

L'œuvre de Wan-Ens avait en quelque sorte cessé d'exister par un abandon total de 15 années, auquel avait succédé un simulacre d'entretien. C'est le traité de 1827 qui la renouvelle et qui en ranime les débris. Les anciens ouvrages reparaissent, mais tous modifiés par la nouvelle combinaison; ceux mêmes dont on ne change point les dimensions, reçoivent un degré de perfectionnement qui leur était inconnu et deviennent en quelque sorte des *ouvrages nouveaux* par leur mise en rapport avec le canal de navigation. N'y a-t-il pas lieu de tenir grand compte de cette considération, et ne serait-ce pas abuser des mots que de qualifier d'une manière absolue du nom d'ouvrages anciens des instruments améliorés à ce point par le dessèchement de 1827 ?

En fait d'ouvrages anciens qui conservent réellement ce caractère, c'est-à-dire qui continuent à fonctionner absolument comme dans l'ancien système de dessèchement, nous n'en voyons qu'un, c'est le Vigueirat, et ce n'est certainement point la faute de l'Association si ce grand cours d'eau n'est pas entré dans le système nouveau (1). Pour

(1) Tout le monde sait que le vœu de l'Association, et, à une certaine époque, que les espérances des Ingénieurs étaient que le Vigueirat et la Vuidange fussent reçus l'un et l'autre dans le canal de navigation. De cette manière, les écoulements vers la mer, si lents et si imparfaits par ces deux émissaires, étaient définitivement assurés, et la vallée d'Arles n'avait plus rien à craindre ni de ses propres eaux, ni de celles de la Viguerie. MM. Bouvier et Poulle, dans leur Mémoire de 1826, démontrèrent, par des calculs irréprochables, que la chose était impossible, la cuvette du canal de navigation étant trop étroite pour assurer le débit des 60 mètres cubes d'eau que la Vuidange et le Vigueirat réunis y jetteraient à certaines époques de l'année. Il fallut donc opter, et le choix tomba naturellement sur la Vuidange puisqu'il s'agissait d'assurer le dessèchement du marais d'Arles. Ainsi, le Vigueirat resta en dehors de la combinaison. A la vérité, des coupures furent faites à l'ancien canal pour faire place au canal de navigation, mais à la condition, qui fut d'ailleurs remplie, que cette partie du cours du Vigueirat serait rétablie soit directement, soit au moyen de la Vuidange désormais annulée au-dessous de la Montcalde. A la vérité encore, le Gouvernement emprunta au Vigueirat une partie de ses eaux pour l'alimentation du bief supérieur du canal de navigation; mais cet emprunt, qui a donné lieu plus tard à des contestations non encore terminées, n'en laissa pas moins au Vigueirat son caractère natif et son premier fonctionnement; le Vigueirat dut subsister et subsiste en effet comme émissaire des eaux de la vallée supérieure, qu'il prend et réunit au pont des Arcs pour les conduire directement jusqu'aux étangs qui sont en communication avec la mer.

tous les autres, il y a régénération et perfectionnement, quand il n'y a pas modification matérielle. Si l'élément ancien reste, la présence de l'élément nouveau n'est pas moins certaine ; et, puisque le Règlement ordonne la distinction, il convient, pour être exact, de faire la part à l'un et à l'autre de ces éléments pour chaque canal, alors même qu'il n'y aurait eu d'autre modification que l'enlèvement des vases qui en arrêtaient le fonctionnement avant 1827.

En partant de ces données, et en les combinant avec celles que nous fournissent les deux tableaux dont nous avons parlé plus haut, nous estimons que l'entretien des ouvrages anciens doit figurer dans le budget de l'Association, abstraction faite de la dette, pour les deux tiers de la dépense, et les ouvrages nouveaux, pour le tiers restant. En conséquence, dans notre matrice, la cote totale de chaque parcelle sera divisée, pour les charges actuelles, dans la même proportion, soit deux tiers pour la part afférente à l'entretien des ouvrages anciens, et un tiers pour la part afférente à l'entretien des ouvrages nouveaux.

Maintenant, et afin d'élucider par un exemple le mode que nous proposons, en conformité du Règlement, pour la répartition des charges entre les intéressés, supposons que le budget annuel de l'Association, et, par conséquent, la somme à imposer, soit de 36,000 francs.

Il faut, avant tout, assurer le service de la dette et les frais d'administration y afférents, au moyen d'un prélèvement en nombre rond de 18,000 fr.

Reste pour les dépenses d'entretien 18,000 fr. à répartir entre les ouvrages anciens et les ouvrages nouveaux, savoir : deux tiers, soit 12,000 fr., pour les ouvrages anciens, et un tiers, soit 6,000 fr., pour les ouvrages nouveaux.

8

Cela posé, voici comment devra s'opérer la répartition des charges.

Aux anciens propriétaires seuls, le service de la
dette. . . . .   F.   18,000 00

Aux mêmes, les deux tiers de l'entretien des ouvrages anciens 8,000 00

Aux dessicateurs et à leurs croupiers, le tiers de
la même dépense 4,000 00

A tous les intéressés, sans distinction de groupe,
l'entretien des ouvrages nouveaux. 6,000 00

                                Total général.   F.   36,000 00

La sous-répartition individuelle se fera, pour le service de la dette, d'après le Cadastre de 1683; — pour l'entretien des ouvrages anciens et des ouvrages nouveaux, d'après le Cadastre de 1855, seul régulateur, ainsi que nous l'avons dit, de toutes les charges actuelles.

D'après les contenances relevées dans les deux cadastres et le classement des parcelles, le montant du rôle sera réparti de la manière suivante :

1o Pour la Dette.

Anciens Propriétaires   F. 18,000   »

DÉSIGNATION des CLASSES.	CONTENANCE par CLASSES.			MARC LE FRANC par HECTARE.		PRODUIT par CLASSE.	
1re	625	00	69	8	683,220	5,427	07
2e	377	59	73	6	512,415	2,459	07
3e	487	81	14	5	209,932	2,541	46
4e	530	02	22	3	907,449	2,071	04
5e	215	59	93	3	039,137	655	24
6e	626	37	53	2	170,805	1,359	74
7e	1,393	98	72	1	736,644	2,420	86
8e	331	26	11	1	302,483	431	46
9e	671	60	08	0	868,322	583	17
10e	117	22	13	8	434,161	50	89
	5,376	48	28			18,000	00

2º **Pour les ouvrages anciens.**

Deux tiers aux anciens propriétaires.   F. 8,000 »

DÉSIGNATION des CLASSES.	CONTENANCE par CLASSES.			MARC LE FRANC par HECTARE.		PRODUIT par CLASSE.	
1re	295	13	17	3	0,814,900	909	44
2e	421	67	06	2	3,111,175	974	53
3e	1,151	21	80	1	8,488,940	2,128	48
4e	1,272	94	88	1	3,866,705	1,765	16
5e	1,379	45	20	1	0,785,215	1,487	77
6e	432	65	74	0	7,703,725	333	31
7e	555	45	49	0	6,162,980	342	32
8e	32	72	55	0	4,622,235	15	13
9e	4	41	58	0	3,081,490	1	36
10e	275	85	86	0	1,540,745	42	50
	5,821	53	33			8,000	00

3º **Pour les ouvrages anciens.**

Un tiers aux dessicateurs.   F. 4,000 »

DÉSIGNATION des CLASSES.	CONTENANCE par CLASSES.			MARC LE FRANC par HECTARE.		PRODUIT par CLASSE.	
1er	854	40	49	2	8,617,500	2,445	09
2e	406	04	38	2	1,463,125	871	50
3e	203	07	42	1	7,170,500	348	69
4e	23	38	63	1	2,877,875	30	12
5e	10	77	00	1	0,016,125	10	77
6e	410	67	86	0	7,154,375	293	83
	1,908	35	78			4,000	00

4° **Pour les ouvrages nouveaux**.

Tous les intéressés sans distinction.   Fr.   6,000   »

DÉSIGNATION des CLASSES.	CONTENANCE par CLASSES.			MARC LE FRANC par HECTARE.		PRODUIT par CLASSE.	
1re	1,149	53	66	1	502,300	1,726	95
2e	827	71	44	1	126,725	932	60
3e	1,354	29	22	0	901,380	1,220	73
4e	1,296	33	51	0	676,035	876	37
5e	1,390	22	20	0	525,805	730	98
6e	843	33	60	0	375,575	316	73
7e	555	45	49	0	300,460	166	89
8e	32	72	55	0	225,345	7	37
9e	4	41	58	0	150,230	0	66
10e	275	85	86	0	075,115	20	72
	7,729	89	11			6,000	00

En réunissant ces divers éléments, on remplira le vœu de l'art. 52 du Règlement, aux termes duquel, *il y aura une matrice générale et unique pour tout le Corps de dessèchement, dans laquelle chaque intéressé aura tout ce qui le concerne réuni dans un seul article détaillé, présentant les diverses parcelles qu'il possède dans chaque bassin, avec les cotisations afférentes à ces parcelles,*

1° *Pour l'entretien des ouvrages anciens ;*

2° *Pour l'entretien des ouvrages nouveaux ;*

3° *Pour la dette.*

Tel est notre Rapport, auquel nous avons consacré chacun de nous :

1° 28 voyages à Arles et 63 journées passées sur les lieux pour exploration du territoire, recherches dans les archives et conférences avec le Syndicat central et les Syndicats partiels ;

2o 90 journées de travail de cabinet, indépendamment des 63 journées et des déplacements mentionnés en l'article précédent.

Dans cette supputation ne sont point compris les frais qui ont été ou qui doivent être directement payés par le Syndicat central :

1o Pour le dépouillement du cadastre de 1683 opéré, sous notre direction, par M. Custor ;

2o Pour le nivellement des terrains compris dans l'Association ;

3o Pour copie et réduction à l'échelle uniforme de 1 à 5,000, des plans parcellaires du Cadastre des communes d'Arles, de Fontvieille et de Tarascon, partie comprise dans le périmètre de l'Association ;

4o Pour autres menus frais relatifs à nos courses, opérations et recherches

Clôturé à Marseille, les jour, mois et an que dessus.

LES EXPERTS ,

PASCAL. DOMBRE. SAUZE.